UN ORAGE IMMOBILE

ŒUVRES DE FRANÇOISE SAGAN
DANS PRESSES POCKET :

BONJOUR TRISTESSE
DANS UN MOIS, DANS UN AN
LES MERVEILLEUX NUAGES
LA CHAMADE
LE GARDE DU CŒUR
LES VIOLONS PARFOIS

FRANÇOISE SAGAN

UN ORAGE IMMOBILE

roman

J.-J. Pauvert
CHEZ JULLIARD

ISBN 2-266-04305-6

A Peggy Roche

SI un lecteur découvre un jour ces pages — si quelque aveugle vanité d'auteur ou quelque aléa du destin m'empêche de les détruire — qu'il sache d'abord que c'est plus pour me le rappeler que pour le relater que j'entame le récit de l'été 1832 et des années qui suivirent. Qu'il sache surtout que je souhaite à ceux qui y participèrent, ceux qui furent les bourreaux, les victimes ou, comme moi, les impuissants témoins, que je ne leur souhaite qu'une chose : l'oubli. Un oubli définitif, un furieux oubli, un oubli de plomb aussi écrasant que le fut ce premier été, dans cette si douce province d'Aquitaine, au climat pourtant si tempéré.

Je suis âgé, hors d'état d'aimer comme de l'être. Et l'on ne me croira pas si je prétends, comme tant d'hommes de mon âge, en être satisfait. Eh bien, on aura tort. Car dans quelques années, lorsqu'on enfouira ce qui aura été mon corps terrestre sous les cyprès du petit cimetière de Nersac, s'il se trouve alors, en même temps qu'une bonne âme pour pleurer ma mort, un esprit méchant pour s'en réjouir, celui-ci se réjouira pour rien. C'est à la fin d'un cadavre qu'il aura assisté. Il y a déjà trente ans que je suis mort. Il y a trente ans que je ne fais que survivre à ces étés brûlants.

En 1832, j'avais trente ans. Je n'étais qu'un jeune homme âgé, et niais de surcroît, célibataire, héritier d'une des meilleures charges de notaire de la province, bon parti, voire bel homme, si l'on recherchait la santé plus que l'élégance ; je présentais aux regards des cheveux plantés bas sur un front de hauteur convenable, des yeux de chien de chasse que je voulais hautains, une bouche saine et un menton un peu galochard, tout cela porté par de larges épaules, un corps vigoureux, d'une vigueur qu'attestait un teint vermeil. Seul point d'orgueil pour moi : de longues mains aux doigts déliés et que les femmes disaient belles. Les femmes... enfin ce que j'en savais après quelques séjours d'étudiant à Paris, une longue et sotte passion pour une Circé de province, aujourd'hui déjà vieille, quelques passades avec des épouses déçues, et des regards condescendants vers les tendrons que j'étais censé épouser bientôt. La seule femme que j'eusse aimée vraiment s'appelait Elisa. Elle était chambrière de ma mère, mais après un an d'amours tremblantes, et malgré mes supplications, Elisa m'avait fui en même temps qu'un scandale qui n'aurait peut-être jamais éclaté. Elisa, et elle seule, m'avait un peu aimé, un peu déglacé sur les choses de l'amour. Mais fort peu. Le reste de mon existence ne m'avait dans ce domaine qu'affolé ou frustré — sort que je croyais partager avec tous les célibataires provinciaux de mon âge, de mon milieu et de mon époque.

En 1832, Angoulême avait, comme il se doit, sa coterie, menée tambour battant, comme il se doit aussi, par sa préfète, Madame Artémise d'Aubec, surnommée « De Bec Haut », celle-là même qui, dans le temps, avait allumé ma flamme sans daigner l'éteindre pendant dix-huit longs mois. Cette Circé avait la taille trop haute, trop mince, le cheveu trop blond, la voix trop criarde et l'âge trop avancé ; je m'indigne encore parfois de l'avoir vue si séduisante. Il faut dire à ma décharge que j'avais vingt ans lors de ces amours, qui aujourd'hui encore me font rougir. Il faut y ajouter que d'autres avaient moins souffert que moi des rigueurs de cette vertu. Artémise d'Aubec menait donc Honoré d'Aubec, son époux, et ses soupirants d'une même main despotique et fastueuse, grâce à une fortune personnelle que certains disaient arrachée aux émigrés de par les fonctions de son père. Ce n'était en tout cas sous son règne, depuis dix ans donc, que bals, réunions poétiques, pique-niques, soupers fins, etc. N'être pas convoqué à ses bals était déshonorant, ne pas s'y rendre était provocant. Elle en profitait parfois pour oublier quelques invitations comme d'autres en profitaient pour oublier la date d'une réception : cela faisait grand bruit pendant tout un trimestre.

On pourrait trouver singulier que je parle si durement d'une femme qu'après tout j'ai aimée dix-huit mois, mais c'est qu'elle le mérite. Il faut vraiment être jeune pour être dégrisé d'une femme par le fait d'autres hommes. Il faut être vraiment fort lucide pour qu'une femme puisse perpétrer seule dans votre cœur, et sans nulle aide extérieure, sa propre destruction. Il faut même pour cela être si désabusé que l'on pourrait en mourir de tristesse et de honte.

MAIS je m'égare. Nous voici donc a Angoulême en 1832, au printemps. Malgré quelques orages, Louis-Philippe règne sur la France, les riches sont riches, les pauvres sont pauvres comme d'habitude, et les bourgeois sont contents, ce qui est le seul baromètre politique de ce pays. Il fait beau dans toute l'Aquitaine... Il faudrait connaître l'Aquitaine pour goûter ce récit. Et je m'aperçois que je songe à présent, malgré moi, à un lecteur, un lecteur idéal et amusé, crédule et prompt à s'enflammer pour ma prose. Le ridicule me guette, mais qu'importe! Qu'ai-je d'autre de si important à faire que de regarder ma main, restée belle mais où les veines saillent à présent comme des cordages, ma main qui ajoute un petit signe bleu à un autre petit signe bleu, de cette encre si bleue venue de cet encrier si blanc, jetée sur ce papier épais, comme farineux, et si blanc lui aussi ? Je n'ai jamais éprouvé cela en rédigeant le moindre de mes actes notariaux : il doit bien y avoir en effet quelque chose, comme une magique enfance rendue aux écrivains quand ils écrivent... Ne serait-ce que dans l'inutilité de tous ces signes, la futilité de leur entreprise. Celle de la mienne en tout cas m'apparaît clairement. Ma fenêtre, au dernier étage de ma maison (que les paysans appellent mon « château », et les nobles, ma « bâtisse », mais que les bourgeois appellent « ma demeure » dans leur langage avant tout pratique), ma fenêtre, donc, s'ouvre sur un paysage charentais, c'est-à-dire sur une basse colline étendue, comme enlisée dans une plaine verdoyante aux champs blonds bordés de peupliers, fendue d'une rivière placide. Une plaine où le ciel à perte de vue s'allonge avec de petits nuages roses, blancs, bleus et rouge vif à l'ouest, au couchant, des nuages ronds et caracolants mais qui n'affaiblissent pas suffisamment ce geste de possession qu'a toujours eu ce ciel sur nos terres : cet air de s'allonger sur nos prés, nos églises, nos bourgades, cet air de faire son lit sur notre terre d'un horizon à l'autre, d'une journée à l'autre, et sans qu'aucun épi ou un brin d'herbe n'y échappe. Si le temps qu'il fait ici a plus d'importance qu'ailleurs, c'est que le ciel est plus près et le soleil plus direct, c'est que la nuit est plus noire, les vents plus débridés, et que la chaleur ou la neige y sont plus immobiles. Les maisons de par ici sont rondes sans être grasses, généralement belles, grises ou blanches, avec un port de tête, un pan de portail plutôt qui les distingue des maisons pansues et carrées de la Beauce, ou de celles plus roses, plus élevées et plus étroites du Midi. C'est un pays qui se tient, ici, où les gens se tiennent eux-mêmes. On est aimable sans familiarité, honnête sans sévérité, et gai sans débauches. C'est un pays, en somme, où l'on est assez fier de ses voisins.

Cela pour dire que lorsque, en 1832, il nous arriva, ou nous revint plutôt, la femme dont nous devions être le plus fiers en Angoumois et en Saintonge, ce ne fut pas une fausse Parisienne, ni une étrangère excentrique, mais une femme de nos terres, de nos éducations, de nos coutumes, nos us et nos penchants, une femme qui était de France bien sûr, mais de cette province d'abord. Elle s'appelait Flora, Flora de Margelasse, une petite et vieille noblesse de Jarnac et dont le château, comme le disaient aussi les nobles, était resté près de quarante ans dans un demi-abandon, le temps que les Margelasse, partis les derniers, apprennent qu'on ne coupait plus la tête des aristocrates en France ; le temps qu'ils l'apprennent à leur fille unique, née en exil en 1805, le temps qu'elle se marie, qu'elle devienne veuve et que ses parents, la voyant triste, veuillent la ramener au pays ; le temps qu'ils liquident leurs terres anglaises, le temps qu'ils meurent là-bas à leur tour, et le temps qu'elle arrive : le temps qu'il avait fallu, bref, pour qu'on les oubliât complètement et qu'on n'ait jamais entendu parler de Flora de Margelasse.

Elle arriva au printemps, après s'être arrêtée deux ans à Paris. Elle apprit là, pendant ces deux ans, à parler sa langue natale à la perfection, une perfection soulignée par un très léger accent d'outre-Manche, elle apprit la France par ce qu'elle a de plus séduisant et de plus dangereux : sa capitale. Ce qu'elle a de plus tonique aussi, car Flora, devenue veuve à Londres et y fût-elle restée, serait peut-être aussi restée veuve. Mais à Paris, arrivée veuve, elle devint très vite une jeune femme à remarier. Elle s'y refusa deux ans et à maintes occasions, semblait-il, elle refusa de quitter ce veuvage qui pourtant lui allait aussi mal que possible. Certaines femmes naissent veuves comme d'autres mères, comme d'autres naissent vieilles filles, comme d'autres naissent épouses, et d'autres maîtresses. C'est à ces deux dernières catégories qu'appartenait visiblement Flora de Margelasse. Elle était née pour partager la vie avec un homme, mais un homme qui rît avec elle aussi bien qu'il l'abritât sous son toit. C'était exactement ce que Lord Desmond

Knight, son premier époux, lui avait offert pendant leurs cinq années de mariage et ce qu'elle avait accepté et rendu sans réticence : un amour chaud, réciproque, confiant, où le corps, le cœur et la tête s'étaient trouvés naviguer de concert. Quand le cheval de Desmond était rentré seul à l'écurie, comme dans les feuilletons, Flora avait vingt-quatre ans. Elle en avait vingt-six quand elle arriva à Angoulême. A la fin de l'été 1835, elle en eut même trente, le 23 septembre exactement, mais cela n'avait plus d'importance pour personne, ni pour elle. Cela n'en avait même plus pour moi, moi notaire, homme de loi, dont la principale fonction en somme est pourtant de donner de l'importance aux dates, de sanctionner du sceau de la légalité la possession des biens de ce monde, de rendre en fer forgé l'énoncé des droits et des devoirs de chacun. Et il me semblait pourtant, à la fin de cet été 1835, n'inscrire sur mes registres plus rien qui me survivrait à moi, ou à mes petits-neveux ou aux petits-enfants de mes premiers clercs. Il me semblait n'écrire que des gribouillis insipides et dénués de tout sens et de tout intérêt et qui, aussi éloignés que puissent être mes clients des remous de mon cœur, ne leur assuraient quand même rien, ne leur garantissaient rien de légal ou d'illégal. Rien, sinon la promesse d'avoir un jour entre les dents et le palais ce terrible goût de cendre qui m'emplit la bouche à présent dès mon réveil jusqu'à la nuit. Je souhaite n'être pas le seul à connaître cela, je souhaite que personne n'y échappe. Sommeil..., misérable, bienheureux sommeil, je n'ai aimé, désiré et voulu que toi alors, des nuits entières, comme je n'ai peut-être jamais aimé ou désiré une femme. Sauf Flora, bien sûr. Car je ne connais pas un homme digne de ce nom qui n'aurait pas voulu tout faire pour rendre Flora heureuse. Et je ne connais pas non plus un homme digne de ce nom qui n'aurait pas tout fait pour qu'elle le redevienne, même sans lui, quand elle ne le fut plus.

LE 10 avril 1832, donc, sans que nul ne l'ait vue ni croisée dans les ruelles de Jarnac, Flora de Margelasse m'envoya à moi, comme à bien d'autres, une invitation dont le sceau rappela quelque chose à ma mémoire défaillante. Le blason des Margelasse était un lion droit sur fond de blé sous ciel changeant, et la devise difficile : « Virtus sive malus. » J'avais dû voir ce blason dans les archives de l'étude, et je crus revoir tout à coup une berline fuyant sur fond d'incendie, emportant une petite vicomtesse et un petit vicomte hors du château de Margelasse, à cinq lieues de mon étude. Avant de me rappeler que je n'avais que trente ans après tout, et que cette belle image de la Révolution française devait provenir des cahiers d'histoire de mon filleul. Par ce carton, donc, Lady Desmond Knight, veuve de Lord Desmond Knight, m'instruisait de la réouverture de son domaine de Margelasse, sis à Jarnac, et me disait le plaisir qu'elle aurait à m'y recevoir, « ainsi que tous les amis qu'elle n'avait pas eu l'occasion et le bonheur de se faire plus tôt ». Elle associait à son invitation son père et sa mère, Odon et Blanche de Margelasse, décédés depuis deux ans dans le Norfolk, et qui, eux aussi, se réjouiraient sans doute, pour peu que je croie à l'au-delà, de ma présence sous leur toit. Les parents de Flora étaient cousins, avaient été élevés ensemble et finalement mariés ensemble sans que leur consanguinité n'eût jamais élevé, semblait-il, le moindre obstacle. Simplement Flora était née très tard, après dix tentatives malheureuses qui avaient ébranlé la santé de sa mère, et par chagrin, à la mort de celle-ci, entraîné celle de son père. Cette double perte survenue juste après celle de son époux avait projeté Flora hors de l'Angleterre, vers cette France qu'elle ignorait et cette province dont elle ne savait rien, sinon que des métayers loyaux et fidèles jusqu'au fanatisme lui avaient gardé intact le château de son père. Bref, Angoulême et ses environs et tous les étages de cette société apprirent d'un coup qu'il y avait une demoiselle de Margelasse à qui appartenait le château du même nom, que cette demoiselle était une dame veuve, riche, qu'elle revenait d'Angleterre s'installer parmi nous. Je passe sur ce que certains croyaient savoir en plus, et qui était aussi invraisemblable, romanesque et bizarre que peuvent l'être les produits des imaginations provinciales à la fin d'un hiver un peu ennuyeux à force de frimas. Pour ma part, mon grand-père ayant été le notaire des Margelasse, il m'était poliment demandé sur un autre carton si je voyais la possibilité de me rendre au château dès la semaine suivante.

Je m'y rendis donc le mardi 15 avril 1832. J'ai encore l'agenda devant moi, avec cette feuille-là, où est écrit de ma main ferme d'homme jeune, en travers : « Trois heures Margelasse » sans la moindre ponctuation, comme ça : « Trois heures Margelasse. » Ah non, le destin ne se sert pas toujours de ses hérauts pour annoncer ses tours, ou bien ses hérauts sont-ils fatigués de faire des clins d'œil aux pauvres mortels obtus que nous sommes... Toujours est-il que je trottais avec plaisir sur mon bel étalon alezan ce jour-là, vers Margelasse, et qu'il faisait beau ce jour-là, et que le bois qui précédait le château sentait le muguet, ce jour-là, et la prairie, l'herbe nouvelle. Toujours est-il que ce château rond et classique me parut ravissant dans cette lumière de printemps, avec ses peupliers, ses prés où s'ébattaient déjà deux beaux chevaux noirs et blancs ; si blancs et si noirs que je les regardai un instant de trop sur le perron et que Flora de Margelasse sortit et vint vers moi la main tendue. Je me penchai, confus, sur cette main, sachant déjà que cette femme était belle et bonne, et quand je la regardai enfin en face, comme elle le faisait elle-même, il me sembla reconnaître ses yeux bleus à la coupe allongée, sa peau de jeune fille, l'ossature fine de tout son visage, sa bouche ferme, souriante et tendre, la grâce de son cou, de ses mains, sa blondeur épanouie, sans lourdeur, l'éclat de ses yeux, de sa voix d'alto, de sa gaieté. Je reconnus tout cela et j'eus envie de l'épouser sur-le-champ, de lui faire des enfants, de la chérir, de la protéger ma vie entière. J'étais encore un vieux jeune homme niais et j'avais jadis stupidement aimé une femme sans cœur. Mais il y avait dix ans de cela, et si je n'étais pas un homme froid, je n'étais pas non plus un homme passionné ni prompt à aimer. Mon cœur était bien plus lent que mon corps et mon esprit bien plus lent que mon cœur. Aussi l'on comprendra que je fus abasourdi lorsque je faillis dire à Flora de Margelasse : « Epousez-moi » au lieu de : « Mes hommages ». Il y avait là de quoi étonner un timide, et peut-être même aussi un audacieux.

IL y a trois semaines que je n'ai pas rouvert ce cahier. L'écriture ou le souvenir, ou les deux ensemble ont des effets dangereux, en tout cas douloureux. En finissant le récit de notre rencontre l'autre jour sur mon papier blanc, j'y ai vu les signes bleus m'échapper, disparaître. J'ai vu voler les feuilles de ce papier vélin, voler les feuilles de mon agenda, voler les feuillets des lettres d'amour, voler les feuilles de l'automne, les feuilles du temps, et je me suis vu, un peu tremblant, sur ce perron. J'ai senti l'odeur de l'herbe venant du pré, l'odeur du parfum plus compliqué sur la main de Flora et j'ai cru entendre dans mon dos le cliquetis du mors de mon cheval qui encensait. J'ai vu les yeux bleus, les yeux gais, les yeux tendres de la belle Flora, j'ai vu ma jeunesse, la sienne. J'ai repensé à cette idée folle de lui dire : « Voulez-vous m'épouser ? » ; et le chagrin ridicule mais sérieux, le regret imbécile mais raisonnable de ne pas l'avoir fait a rendu intolérable tout à coup ce souvenir de soleil et d'ombre et d'odeurs mêlées. Si intolérable que j'ai failli arrêter court ce récit. Pourtant me voici là, à nouveau, écrivant malgré moi, malgré mon dégoût d'être malheureux, malgré ma haine de la complaisance, de la nostalgie cultivée, du passé et des bonheurs perdus. Malgré tout cela mais pour le bruit de cette plume crissant pour rien ni pour personne sur ce papier de plus en plus blanc, de plus en plus rétif à mon écriture de plus en plus difficile à relire ; sur ces feuillets intimes, odieusement intimes, dans cette maison-demeure-château-bâtisse où personne ne vient plus, en dehors bien sûr de ma paisible et myope gouvernante, de ses aides, et de son paisible et presbyte époux, en dehors du curé de Nersac qui ne supporte pas que j'aie perdu la foi, ou du moins que je le lui aie avoué dans un mouvement d'humeur impardonnable. A part ces personnages aimables, falots et fanés, pour qui le futur se traduit par la mort et non par l'avenir, personne n'est revenu ici depuis que Flora a refermé la porte sur elle, la dernière fois, sur sa dernière apparence, plutôt, sur sa robe de soie froissée, sur ses superbes et opulents cheveux blonds flottant dans le soleil clair comme une oriflamme prise à l'ennemi, et brandie par dérision au-dessus de son nouveau visage si blanc et comme désormais dépourvu d'âge et même de sexe.

JE fus sans doute le premier homme d'Angoulême à tomber amoureux de Flora de Margelasse, sans grand mérite puisque je fus aussi le premier à la voir. Mais je ne fus pas le seul non plus ; et je crois que, dès la fin du bal, du premier bal donné à Margelasse, j'avais un nombre respectable de rivaux. Sans grand mérite non plus de la part de ces derniers, puisque Flora était le charme même. Cette soirée en fut la première mais définitive démonstration. Car, par ce léger goût du mystère, que je continuais à déplorer mais qui est quand même le fondement de la coquetterie chez la femme, Flora avait fait en sorte que personne ne la vît vraiment avant cette soirée. Elle ne sortait pas de Margelasse, ou plutôt elle n'en sortait que dans sa charrette anglaise qu'elle conduisait elle-même (coutume ramenée d'Angleterre au grand scandale des dames angoumoisines) et qu'elle conduisait avec brio mais à toute allure. Les quelques hommes qui se trouvèrent sur son chemin pendant ces dix jours pensèrent d'abord plutôt à se ranger et à protéger leur fragile existence qu'à la partager avec cette amazone. Le cheval blanc et le cheval noir étaient deux trotteurs anglais, deux cobs admirables venus tout droit d'Angleterre et qu'elle menait comme le vent, d'une main sûre, ce qui ne laissait voir d'elle que des cheveux hérissés par la course, des yeux brillants de plaisir, et une silhouette plus garçonnière que féminine. Nos belles dames de la préfecture, habituées à relever leurs jupons en montant et descendant de leurs berlines, trouvaient cette attitude sportive des plus éhontées. Elles susurrèrent même que Flora de Margelasse avait dû mener son pauvre époux de la même manière : au fouet (encore qu'on ne l'ait jamais vue s'en servir sur ses chevaux), et qu'elle l'avait conduit ainsi à la tombe, au grand trot et sans ombrelle. Madame la préfète, devant qui j'avais eu la naïveté d'admettre que Madame Knight née Margelasse n'était pas dépourvue de tout attrait, devant qui je crois même avoir eu l'inconcevable sottise de rougir en le disant, avait fourbi ses armes longuement avant cette fameuse date du 30 avril qui verrait peut-être remettre en cause sa royauté absolue. Les quelques servantes et cuisinières, obligeamment dirigées vers le château par ces dames afin d'aider à l'aménagement de la malheureuse étrangère, s'étaient tout aussitôt repliées dans un silence inattendu. Il semblait que cette femme ait su se faire aimer de ces gens dès la première rencontre, et cela dérangeait bien des plans et frustrait bien des curiosités.

Le seul homme qui l'eût vue et lui eût parlé dans cette affaire, c'était moi, ce grand dadais de Nicolas Lomont à qui sa charge notariale avait valu ce privilège. On m'accablait de questions comme si j'avais passé ma vie depuis quinze jours aux pieds de Flora. En fait, je ne la vis que trois fois, trois fois une demi-heure, où nous parlâmes affaires, ou plutôt elle me fit parler affaires, me confia ses intérêts et ses biens avec une spontanéité et une confiance déroutantes, une confiance qui m'eût enthousiasmé si je n'avais pas senti à quel point cette impression de sécurité que Flora de Margelasse ressentait auprès de moi était le présage le plus inquiétant qu'elle ne m'aimerait jamais. Je n'étais pas assez sot pour ne pas savoir qu'il n'y a pas d'amour sans peur de l'amour, et Flora n'avait pas peur de moi; en quoi elle avait raison et par quoi j'avais peur de l'aimer déjà comme je l'aimais. Je ne vais pas expliquer ici en détail pourquoi et comment j'ai aimé Flora de Margelasse tout de suite et pour le reste de mes jours. Ce récit suffira largement, je le crains, par le simple énoncé des faits. Disons simplement que, dès le début, je fus résigné à aimer Flora, bien pis, je fus fier de l'aimer, fier à l'avance de tout ce qu'elle m'apporterait, y compris les chagrins les plus cruels. Quoi qu'il arrivât, rien venant d'elle ne saurait m'abaisser. C'était tout ce que je savais et tout ce que j'avais vu dès le premier coup d'œil.

IL y avait donc à ce bal tout l'Angoulême d'alors, une grande partie de Cognac, de nombreux nobliaux venus des quatre coins des départements, quelques hommes de plume venus de Paris à l'étonnement général (comme si Paris n'eût été peuplé que de dégénérés et de filles de joie) et même, curiosité suprême, un ou deux couples anglais. Je peux résumer cela plus précisément en disant que, dès le début de ce bal, je me fis l'effet d'un traître, sans savoir à qui, ni pourquoi ; et c'est un sentiment que j'ai rarement et que rien dans ma vie ne semblait susceptible de provoquer. Artémise d'Aubec était là avec son époux Honoré-Anthelme d'Aubec, lequel, je l'ai déjà dit, tenait la préfecture d'Angoulême en attendant d'avoir Lyon et de terminer dans la capitale, objet des convoitises, quoi qu'on en dise, de toutes les petites têtes politiques de la province française. Honoré d'Aubec avait des ambitions politiques et des ambitions matérielles connues de tous. Dans la convention tacite passée entre les d'Aubec, l'administration française et la ville d'Angoulême, il était entendu qu'à la fin de sa carrière, le rougeaud et pataud Honoré d'Aubec serait millionnaire, puissant, et que sa femme régnerait sur Paris de toute la force de sa voix criarde. En attendant, l'arrivée de Flora mettait en péril peut-être sa royauté présente, et je n'étais pas le seul à savoir qu'il faudrait que Flora fît acte d'allégeance, rentrât dans la troupe des dames d'honneur d'Artémise, ou bien qu'elle se résignât à la solitude en son château, voire à la fuite si son dédain était trop manifeste. Et je ne doutais pas un seul instant de ce dédain qui serait simplement le dédain d'une âme noble pour une âme basse, d'une personne naturelle pour une personne affectée, d'une femme charmante pour une femme qui croyait l'être. Pour être franc, je craignais le pire de ce bal. Je le craignais et je l'espérais vaguement, étant encore assez jeune homme pour m'imaginer offrant mon bras, ma réputation et mon honneur à une femme attaquée par des chiens. Je m'imaginais giflant ce pauvre Honoré, ou répondant insolemment à une insulte d'Artémise, moi qui n'ai jamais eu la moindre réplique quand il le fallait, mais bien plutôt trois jours plus tard. Je m'imaginais dans un mélodrame comme il en passait à la Porte-Saint-Martin... Quand la voiture de Madame d'Aubec s'arrêta devant le perron de Madame Knight, je croyais au choc de deux mondes. Or je ne vis, comme le reste de l'assistance, que la rencontre de deux femmes suffisamment aimables et suffisamment polies pour se donner l'apparence immédiate de l'amitié la plus vive et la plus démonstrative.

Ce premier bal fut une réussite, donc, et Artémise d'Aubec le disant elle-même, il fut entendu une fois pour toutes que Lady Flora Knight, née de Margelasse, était une femme délicieuse dont la bonne compagnie d'Angoulême se ferait un plaisir et un devoir d'adoucir le veuvage. Sans doute aussi se trouverait-il un jour, dans cette même société, un homme assez séduisant pour l'en consoler définitivement : cela ferait un beau couple qui ne déparerait pas, bien au contraire, ce petit Versailles charentais qu'était devenue notre bonne vieille ville. En quittant à l'aube la salle de bal de Margelasse, Artémise d'Aubec avait déjà fait des projets de remariage, et on lui voyait cet air de joie discrète que lui donnait toujours l'idée du bonheur d'autrui (alors que l'idée du malheur de ce même autrui lui donnait une joie tout à fait éclatante). Mais enfin, elle embrassa dix fois de suite sa chère Flora qui se laissa faire, et je dus me rendre à l'évidence : ma grand-mère, mes tantes, Elisa et Artémise avaient eu raison, je n'étais qu'un vieux jeune sot et un rustre de province.

LES pique-niques commencèrent, les dîners, les soirées, les promenades sous les arbres de la ville continuèrent comme avant, à la seule différence que Flora s'y trouvait à présent et que j'en étais éperdument et vainement amoureux. Et c'est ainsi que passèrent comme un rêve les années 1832 et 1833 qui auraient dû, semble-t-il, passer comme des décennies, s'éterniser. C'est que je n'étais sûr de rien à part mon amour. On ne peut jamais être sûr de l'indifférence d'une femme. On veut croire que non et un de ses regards vous fait penser que oui. On se lève désespéré et par une pression de main, on se couche fou d'espoir. J'aurais dû rester dans cet état, ces hauts et ces bas perpétuels auraient fini par me mettre à mi-chemin dans une quiétude triste ou gaie, qui n'eût plus dépendu d'elle ni de mon cœur, mais des consignes de ma raison. Seulement je fus, là aussi, un jeune téméraire. Je voulus savoir ce que je savais déjà. Et puis, dois-je l'avouer ? J'en voulais à Flora de mon propre silence. Elle ne pouvait, après quinze jours, ignorer mes sentiments ; et elle n'y faisait jamais la plus légère allusion. Il s'offre peu de solutions à une femme qu'on aime et qui ne vous rend pas cet amour. Il y a le silence commode, un silence méchant et dont je savais Flora incapable, mais auquel je ne voyais pas d'alternative. Je pensais que Flora, pour ménager notre tranquille et pour elle confortable amitié, avait choisi d'oublier ce qui me déchirait le cœur. Un soir d'orage, je lui demandai rendez-vous, un rendez-vous en tête à tête qu'elle m'accorda aussitôt sans même m'en demander la raison et sans marquer la moindre curiosité. Je tremblais en arrivant à Margelasse le lendemain soir, avant dîner ; je tremblais de la blessure qu'elle n'allait pas manquer de me faire et je tremblais de l'imbécile heureux, de l'enfant fou qui m'avait deux trois fois réveillé pendant la nuit pour me dire : « Et si par hasard, elle tombait dans tes bras... Et si tout cela n'était qu'un malentendu... Et si elle attendait elle-même, le cœur brisé comme le tien, que tu te déclares... » La lampe rallumée et ma raison revenue, j'aurais pu étouffer cet enfant fou sous l'oreiller, mais l'on ne se tue pas soi-même, on ne tue pas son enfance malgré tous les efforts qu'on y apporte.

Flora m'attendait dehors, près de la serre qu'elle regardait avec cette indifférence presque amorale qu'elle portait à la nature. Elle n'aimait que ce qui bougeait, les gens, les chiens, les chevaux, le vent. Elle avait une robe d'un tissu gris-beige dont j'ignore le nom et qui faisait du bruit quand elle marchait, et qui attrapait le soleil couchant sous tous les angles, ce qui lui donnait l'air d'être vêtue de rose aussi bien que de gris.

« Voulez-vous que nous rentrions, dit-elle, ou préférez-vous vous asseoir ici ? »

Sans attendre ma réponse, elle se laissa tomber sur un banc de paille qui ornait la terrasse, s'attendant sans doute à ce que je m'asseye près d'elle, mais je m'assis en face, sur un fauteuil confortable, et levai mes yeux sur elle avec ce que j'espérais être une expression sérieuse, mais qui ne devait être que fixe et éperdue.

« Je voulais vous dire... » commençai-je.

Et je m'arrêtai, assez longtemps pour qu'elle levât les yeux de ses mains qu'elle pressait l'une sur l'autre.

« Flora..., dis-je enfin d'une voix suppliante.

— J'aurais tant voulu »... commença-t-elle.

Et nos yeux enfin accrochés l'un à l'autre, nous vîmes que nous étions au même degré de désespoir. Elle se leva, ou je me levai le premier, je ne sais plus, elle me prit dans ses bras plus que je ne la pris dans les miens — bien que j'eusse la tête de plus — et elle me berça tandis que je m'abandonnais sur son épaule en proie à des secousses que je me refusais à nommer sanglots, n'ayant pas sangloté depuis la mort de mon père, quinze ans plus tôt. Nous échangions des propos confus et nous nous excusions l'un l'autre, avant de nous rasseoir ensemble sur le même banc. Tout avait été dit par la phrase de Flora : « J'aurais tant voulu... » et par la mienne ensuite : « Ça ne fait rien. » Et il avait été convenu de la sorte que je l'aimerais toute ma vie et qu'elle ne m'appartiendrait jamais.

Quelques semaines plus tard, ayant trop bu, je lui demandai deux heures de sa nuit, comme l'on demande une aumône. Elle me répliqua en femme fière, mais fière de ses sens plus que de sa vertu, qu'elle espérait bien qu'en deux heures je ne serais pas dégoûté d'elle, mais au contraire plus attaché, qu'elle-même avait toujours accordé du poids à ces choses dites légères ; et que tenter de les rendre faciles, voire vulgaires, même la pitié ne l'y déciderait jamais. Quand nous fûmes moins essoufflés, un peu plus tard, je lui reprochai à mi-mots son silence et l'ignorance qu'elle avait affectée de ma passion. Mais quand je lui parlai de « silence commode », elle se mit en colère.

« Vous auriez pu penser, me dit-elle sèchement pour la première fois, que c'est à vous que je pensais en me taisant, et non à moi. Il y a des hommes pour qui dire les choses les multiplie par trois. Peut-être en faisiez-vous partie, et en ne me disant rien, pensiez-vous donner plus de chance à vos sentiments de s'évanouir. Cela n'eût pas été sot, je vous l'assure. Les paroles sont souvent plus meurtrières que les faits.

— Et alors j'ai eu tort ? commençai-je, mais elle sourit et mit la main sur la mienne pour m'arrêter.

— Non, dit-elle, puisque vous en avez eu envie. »

NOUS eûmes ainsi deux ans de rêve éveillé, du moins pour moi, et une fois encore, je le dis honteusement, deux ans heureux. Je voyais Flora presque tous les jours. Flora n'aimait personne plus que moi. Elle ne disparut que quelquefois pendant l'hiver 1833-1834 pour huit jours par-ci par-là qu'elle passait à Paris, chez des amis de son époux, et qu'elle consacrait, semblait-il, au théâtre, à la musique, à la compagnie des hommes de lettres. Je fus le seul à savoir qu'elle y retrouvait aussi un homme, un personnage mystérieux et haut placé, dont la situation, le poste, Dieu sait quoi, empêchaient qu'il partageât avec elle plus que ces huit jours. Je savais aussi que Flora n'en souffrait pas outre mesure, et cette amitié sentimentale, et aussi, hélas, sûrement sensuelle, m'aurait laissé toutes mes chances, si j'en avais eu l'ombre d'une. Flora rentrait de Paris avec de nouvelles toilettes, de nouvelles histoires, de nouveaux chevaux, de nouvelles toquades. Elle avait cette gaieté, cette joie de vivre qui faisaient oublier son âge, ou qui le faisaient considérer comme une particularité tout à fait secondaire. Le jour où elle revenait était pour moi le plus heureux de l'année. J'allais à cheval à la rencontre de la diligence, et quand je la voyais arriver avec ses huit chevaux au loin de la plaine, mon cœur battait comme si j'eusse encore quinze ans. Mais ce n'est pas notre histoire, au demeurant, que je veux raconter ici, c'est celle de Flora et d'un autre. Cet autre apparut au début de l'été 1833, probablement en juin, puisqu'une des premières images que je garde de lui, c'est celle d'un jeune homme mangeant des cerises devant une fenêtre, chez la préfète Artémise d'Aubec.

A Angoulême, le grand salon de la préfecture s'ouvre sur la place d'Armes, là où donnent les porches de l'Hostellerie du Progrès, de la mairie, les fenêtres des principaux notables, là aussi où les quatre grandes routes qui vont à Poitiers, Périgueux, La Rochelle et Bordeaux se retrouvent et font un tour ensemble sans pouvoir la traverser. Car la place d'Armes est réservée aux loisirs de la population. Elle est encadrée des plus beaux platanes, lesquels offrent leur ombre à des bancs de bois vert, symétriquement et harmonieusement dispersés. Les enfants n'y poussent que des cris respectueux, les citoyens y changent de pas, et au centre de cette même place s'élève le plus beau des kiosques à musique de la région et, dit-on, de la France entière. Couvert de lamelles d'un cuivre roussâtre, verdi par les intempéries, son chapiteau est soutenu par des colonnes de fer forgé élancées mais robustes où s'entrelacent des pampres et des vignes d'airain du plus bel effet. Son sol de marbre même pas usé a pourtant retenti de la mesure battue par des milliers de souliers vernis. Trois marches montent à cette estrade, trois autres à son centre mènent au pupitre du chef de l'« Harmonie d'Angoulême » que les autochtones appellent la Fanfare, et les étrangers, l'Orphéon. Sans évoquer la « Philharmonie de Covent Garden », comme disait si drôlement Artémise d'Aubec, ce n'était pas de si mauvaise musique que l'on y donnait, même si elle était qualifiée de facile par des oreilles exigeantes. Ce jour-là, l'Harmonie d'Angoulême, quand nous revînmes Flora et moi d'une délicieuse partie de pêche, rendue encore plus délicieuse par le retard que nous y avions pris sur notre convocation chez Artémise, l'Harmonie d'Angoulême, donc, jouait une valse, une valse de Rossini, c'est-à-dire un thème de Rossini mis en valse par les soins du percepteur de Cognac. Chaque habitant de cette province avait un rôle dans ses loisirs qui était généralement à l'opposé de celui qu'il avait dans ses fonctions. En l'occurrence, c'était le percepteur des impôts qui arrangeait et harmonisait à son gré tous nos concerts dominicaux. Mais tous ses soins n'étant pas parvenus à défigurer complètement Rossini, c'est sur une belle musique que nous entrâmes chez la préfète, et que moi-même, suivant Flora de trois pas et n'ayant pas comme elle à subir le feu de trente regards, je vis avant elle le nouveau venu : « Gildas Caussinade », ainsi que me le présenta la maîtresse de maison en ajoutant aussitôt : « Le fils de mon métayer Caussinade que vous devez connaître. » Je trouvai inutile cette seconde précision, mais le jeune homme n'en sembla pas le moins du monde affecté.

Gildas Caussinade était très beau. Une beauté étonnante ou, tout au moins, qui m'étonna car je ne remarquais jamais la beauté chez les hommes. Il avait, je le sus ensuite, vingt-trois ans depuis peu ; les cheveux bruns ou noirs comme une crinière, des dents éclatantes, quelque chose de raffiné, de tout à fait aristocratique dans ses traits, son port de tête, ses gestes, en même temps qu'une jeunesse et une masculinité qui, déjà attirantes pour moi, devaient paraître irrésistibles aux femmes. Il me serra la main avec chaleur et m'assura que son père — dont il parlait sans nulle condescendance mais au contraire avec respect — lui avait parlé de moi comme du meilleur notaire de l'arrondissement sous prétexte d'un litige que je lui avais arrangé. Et il sembla même partager cette reconnaissance à mon égard Quand il souriait, ses yeux se plissaient, son visage mince se détendait complètement, il avait l'air de la jeunesse même. Il était désarmant, et je fus désarmé comme tous les hommes ce jour-là... alors que nous aurions dû, au contraire, nous jeter sur nos armes et l'abattre...

Flora avait fait le tour de nos amis et arrivait près de nous, près d'Artémise et de moi, et dans le dos du jeune homme qu'Artémise tenait solidement par le coude. Elle ne le lâcha que pour le tirer par la manche de sa veste un peu étriquée, et dont je reconnaissais, en vieil Angoumoisin, qu'elle venait de « Jeannot le Paysan », fournisseur en effet des métayers de la région plus que des hôtes de ce salon. Elle le tira vigoureusement, donc, pour le présenter à Flora. Il se retourna et je ne vis plus de lui que sa nuque et, un peu plus loin, le visage de Flora le découvrant de face d'un seul coup. J'étais curieux de sa réaction. Je m'attendais à voir de l'admiration sur ses traits si contemplés et si chéris par moi, ses traits si déchiffrables à présent, croyais-je. Je m'attendais à de la surprise devant cette beauté si brutale dans sa finesse et si raffinée dans sa masculinité. Or, au contraire de toutes mes prévisions et de celles d'Artémise — qui scrutait Flora avec curiosité comme elle avait dû le faire de toutes ses invitées — c'est une expression de lassitude, de froideur, presque de bouderie qu'arbora Flora, expression au demeurant fort rare chez elle et qui, venant juste après la seconde présentation d'Artémise faite aussi lourdement qu'à moi, aurait pu faire croire à du snobisme ou à de la hauteur chez cette femme qui en était pourtant si dépourvue ; une expression qui suivait et qui semblait résulter de la phrase d'Artémise : « Vous savez, le fils de notre bon métayer Caussinade ? » Et d'ailleurs, une seconde après, la familiarité dédaigneuse et grossière de notre chère préfète dissipa comme par magie ce nuage, cette morgue inattendue. Et Flora, tendant sa main au jeune homme, enchaîna :

« Mon Dieu ! dit-elle, n'est-ce pas vous que j'ai vu avant-hier dans ce champ après le chemin de Porte ? Un champ de blé ou de je ne sais quoi ?

— C'est nous qui le cultivons, en effet, dit le jeune homme avec aisance, mais la terre appartient au comte d'Aubec, dont mon père est le métayer depuis trente ans je crois, à présent.

— Alors c'est quand même à vous que je dois des excuses, dit Flora. Ma jument m'a emballée avant-hier et elle m'a fait traverser ce champ par le travers, en saccageant tous vos plants... Je voulais passer chez vous pour m'excuser, et même vous dédommager, mais...

— Ce n'était rien, n'y pensez pas, dit le jeune homme. Votre jument fait des sauts de puce ; elle est si belle et si légère ! J'ai repiqué ce matin, et l'on n'y voit plus rien.

Le comte d'Aubec ne s'en rendra même pas compte. En revanche... »

Il s'arrêta, haussant le sourcil mystérieusement en se penchant vers nous. Et d'instinct, nous nous penchâmes vers lui comme pour échapper à des oreilles indiscrètes. Mais Artémise, à son grand dépit, fut obligée de voler vers la porte et d'accueillir le vieux juge de paix et son épouse.

« En revanche ?... reprit Flora avec impatience.

— En revanche, j'ai eu plus de mal avec ça qu'avec le champ... », dit le garçon en étendant la main devant lui — des mains qu'il avait jusque-là gardées bourgeoisement derrière son dos et dont il montrait d'un coup les callosités, les jointures gonflées, les ongles ras, des mains visiblement reliées à la vie quotidienne et à ses travaux. C'étaient des mains puissantes et hâlées, des mains musclées par des exercices de force, des mains auprès desquelles les miennes, pourtant tannées par la chasse, le cab, etc., semblaient des mains de citadin. Des mains de toute façon plus âgées que son visage, des mains d'homme et non pas de jeune homme, et dont Flora détourna les yeux aussitôt avec une hâte que, comme un benêt, j'attribuai à la compassion ou la gêne.

« Vous vous êtes bien écorché..., dit-elle avec douceur.

— J'avais surtout honte d'arriver dans ce salon avec des mains de laboureur... Ma présence est déjà assez déplacée ici », continua le garçon avec ce même sourire heureux et fier, cette sorte d'insouciance et de gentillesse qui me fit penser tout à coup qu'il était fort heureux qu'il fût paysan. (Sa beauté, si elle avait été jointe à un titre, en eût probablement fait le plus arrogant des jeunes aristocrates.)

— Pourquoi déplacée? demanda Flora sans le regarder, les yeux fixés au contraire sur Artémise qui cinglait vers nous à nouveau. J'avais cru comprendre, en Angleterre, que les êtres humains étaient tous traités de la même façon en France, voire qu'ils étaient considérés comme faits de la même argile. Je croyais même qu'on avait fait une révolution dans ce pays pour le prouver.

— Cela n'empêche pas que je m'appelle Caussinade, dit Gildas avec une grande douceur et, dans la voix, une nuance réconfortante des plus inattendues. Et que mon père, mon grand-père et leurs pères à eux étaient métayers et ne travaillaient que la terre des autres... Nous sommes une famille de métayers. D'ailleurs nous sommes les meilleurs de la région. N'est-ce pas, Monsieur Lomont? ajouta-t-il en riant.

— Vous avez parfaitement raison; je peux témoigner », dis-je avec ma grosse voix, la voix que je prenais quand on m'interrogeait brutalement et qui faisait rire Flora.

Déjà Artémise, revenue essoufflée mais toujours en voix, m'interrompait :

« Je vous ai présenté ce beau jeune homme, ma chère Flora, dit-elle en nasillant, mais je ne vous ai pas expliqué ce qu'il fait ici.

— Ce n'est pas la peine, dit Flora avec froideur. Monsieur a une présence suffisamment agréable pour que vous n'ayez pas à nous l'expliquer...

— Figurez-vous, reprit Artémise, que ce jeune Apollon, qui grâce à notre bon instituteur avait déjà obtenu une bourse ou un prix, ou Dieu sait quelle folie que fait l'Etat maintenant pour la jeunesse, a, en plus, été reçu tout seul à je ne sais quel examen, qu'il est plus érudit que n'importe quel homme ici... plus érudit que vous en tout cas, mon cher Lomont, et bien plus érudit qu'Honoré ; mais cet exemple, bien sûr, ne prouve rien... Et savez-vous qu'en plus, ce jeune homme écrit ? (elle s'adressait à Flora). Et des poèmes... et que ces poèmes, au lieu de se dessécher à Angoulême, ont gagné la capitale et sont même publiés à *la Revue de Paris !* Ah, comme le disait si drôlement Honoré, c'est bien, en des siècles, la première surprise de ce genre que nous font les Caussinade... », acheva-t-elle, exprimant ainsi son désir de faire remonter aux croisades le métayage des Caussinade et donc sa petite noblesse toute fraîche.

JE ne sais pas pourquoi, mais j'ai un souvenir en couleur de cet après-midi-là. Il faisait beau, je l'ai déjà dit, et un soleil couchant s'était glissé par la porte-fenêtre dans le dos de Flora dont il incendiait la chevelure, assombrissait le visage et éclairait ainsi les yeux d'un éclat sournois et dangereux qui lui allait fort bien. Elle avait une robe bleue, d'un bleu de rhododendron, auquel le costume de velours sombre de Gildas faisait une sorte de contrepoint. C'était beau à voir, me semblait-il, ce bleu pastel et délavé sur cette femme au faîte de sa beauté, cette femme dans l'été de son âge ; et à son côté, cette noire minceur de velours rectiligne qui canalisait les désordres et la fatalité rôdant sans doute avec son sang dans les veines de ce jeune homme. Artémise et moi nous devions les suivre d'assez loin sur le plan esthétique : moi, avec mon costume marron, et elle, avec ses taffetas jaunes qu'elle croyait à tort éclatants... Il y avait quelque chose de délicieux dans l'air, ce jour-là. Le sort a souvent des apparences de rémission, ainsi, avant qu'une crise ne vous secoue et ne vous jette à bas. Il y a souvent des clairières paisibles où l'on se repose en chœur, amants, rivaux, bourreaux et victimes, amicalement groupés dans ce qu'on ne sait pas être l'attente d'une infernale promenade.

« Mon Dieu..., dit Flora avec conviction (cette conviction qu'elle avait toujours et qui aurait fait sourire sans doute des esprits critiques, et leur eût même fait qualifier ici Flora de « bas-bleu »). Mon Dieu, Monsieur Caussinade, que je vous envie !...

— Mais bien sûr, nous l'envions tous !... » dit Artémise avec une bonne humeur bienveillante et même un rire qui paraphait sa phrase.

Et elle me jeta un coup d'œil égayé qui signifiait : « Chère Flora... ; envier un métayer. Il n'y a qu'elle et les petits oiseaux. » Elle dut lire mes pensées dans mes yeux, car elle se détourna de nous brusquement et partit dans son salon, l'air courroucé, vers des têtes moins poétiques mais plus solides.

« Ce départ brutal m'arrange bien, dit Flora. Je n'aurais pas vraiment osé vous demander devant elle de nous dire quelques-uns de vos vers, là, tout de suite...

— Mais..., dit Gildas en rougissant, j'en suis incapable.

— Je vous en prie, dit Flora, j'en ai envie. Sérieusement, j'en ai envie... »

Il n'y avait que Flora de Margelasse pour oser parler du sérieux de ses envies avec une telle innocence à un si jeune homme. Ce dernier dut le sentir et il la regarda sérieusement aussi, oubliant un instant cet air de politesse heureuse et distante qui semblait accroché à ses traits. Je vis sa mâchoire se serrer avant qu'il ne consentît et ne dît : « Très bien, si vous voulez, j'accepte », à voix basse. Flora lui sourit alors. Elle lui sourit, mais des yeux, comme elle ne m'avait jamais souri. Car s'il y avait du respect, de la gratitude dans son regard posé sur moi, je n'y avais jamais vu cette peur, ce défi, ce trouble que j'y voyais à présent, mais qui étaient contagieux et très clairs. A tel point que le garçon se retourna vers la porte-fenêtre afin qu'on ne le vît pas. Nous nous retournâmes aussitôt pour l'encadrer, Flora et moi, et pendant qu'il pianotait sur la vitre, cherchant ses mots, je me souvins, brusquement, tandis que je regardais la place grise et dorée dans le soleil, de mon enfance. Je crus me voir petit garçon, en tablier rouge, courant après un autre en tablier noir, et le rossant, ou me faisant rosser sous les flots mélodieux de l'Harmonie d'Angoulême et les cris indignés de nos mères respectives. Il me semblait tout à coup que cette place mal pavée, avec ces garnements dont j'avais été, était ma patrie et mon origine réelle, que c'était là chez moi. Et en aucun cas ce balcon, près d'une femme qui me déchirait le cœur et d'un jeune homme qui lui récitait des poèmes. Que faisais-je donc parmi ces gens, sinon âgés du moins parvenus quelque part ? Que faisais-je parmi ces adultes (ou qui se sentaient tels) ? J'avais envie de jouer aux billes et de me battre avec quelqu'un de mon âge. « Ce garçon ne grandira jamais... », disait ma mère. Et sans doute devais-je mon infantilisme à sa mort, peu d'années plus tard. Mais là, pour la première fois de ma vie peut-être, je la regrettais, pour sa chaleur, cette odeur de l'enfance qu'elle aurait eue, le tissu rêche de sa robe d'intérieur où j'aurais pu mettre la tête, petit. Bref, je regrettais les regrets que j'aurais eus d'elle si elle avait vécu suffisamment pour cela.

La voix du jeune Caussinade arriva à mon entendement tout à coup, une voix feutrée mais ardente, funèbre aussi. Une voix qui venait de son visage détourné vers l'extrémité du balcon, une voix blanche.

Comme je vois monter le rose à tes paupières,
Comme je vois tes cils battant les mers brumeuses
De tes yeux entr'ouverts sur un rêve de pierre,

Comme je vois ta main sur le drap qui se creuse...

Il disait bien. Sa voix était sourde, intime, et, ma première gêne passée, j'éprouvai du plaisir à l'entendre. Je l'écoutais. Je n'ai jamais apprécié la poésie autant qu'il était bon de le faire à l'époque, mais sans m'y intéresser, j'y étais sensible. Je l'entendais. Flora me découvrait chaque jour des dispositions musicales dans ce domaine qui me faisaient beaucoup rire devant des tiers. Mais qui, hélas, me faisaient me rengorger quand je me retrouvais seul. C'est qu'il y avait ces moments de ma vie où je me retirais du monde, du contact des autres, pendant des minutes ou pendant des heures. Et parfois, à l'aide de rêveries, de livres ou de rien, des nuits entières, je me contraignais à la vérité, ou plus simplement, à la solitude physique. Je m'empêchais de raisonner comme un notaire avisé, je m'empêchais de faire tenir à mon pauvre cœur cru les propos blasés d'un cœur libertin. Je refusais de me persuader que la possession éteindrait définitivement mon amour pour Flora. Je m'empêchais de me mentir. J'empêchais la vanité, le désir d'être heureux, le désir de me reposer, de reposer mon orgueil et mes blessures, tout cela au nom de la vérité, d'une vérité unique. Je me rappelle même avoir, pour cet examen de conscience, quitté comme ça, sans m'excuser, des tables de whist fiévreuses, des sofas bruyants de gaieté ; et même de ces dîners en plein air dont je raffolais, ces dîners à la fin desquels les robes des femmes deviennent toutes blanches et pâles sur une herbe sombre, odorante et étrangère. Je me rappelle être parti à reculons de mille endroits amicaux et chaleureux, tout cela pour me retrouver seul... Ah, je peux le dire, j'y suis bien parvenu ! Je suis tout à fait seul à présent. Je n'ai même plus le choix de ne pas l'être. Hors de mon étude, personne ne m'attend auprès de qui je puisse tenter quelques variations à mon personnage, au personnage définitif d'un notaire honnête de province, un riche, égoïste et secret tabellion. Il n'y a personne auprès de qui je pourrais même composer l'attendrissant et lugubre portrait d'un sexagénaire malheureux et solitaire.

C'est là l'ennui, semble-t-il, de s'attaquer au passé sous prétexte de reconstituer le présent. Un présent auquel, d'ailleurs, personne ne s'intéresse. C'est que les questions de date et d'heure, ces itinéraires maniaques, ces pèlerinages sentimentaux sont autant d'amorces à des comparaisons, ou des questions âpres que l'on ne se formule pas et qui vous envahissent : les refrains tenaces du présent couvrant peu à peu les couplets déjà vides du passé composé et du plus-que-parfait. J'ai beau tirer les rênes, je glisse de l'un à l'autre, je glisse de la question : « Que faisais-je donc, dimanche matin, en me réveillant ? » à une autre : « Et que fais-tu maintenant, à présent ? » Que fait cet homme qui, à trente ans, montait à cheval en joyeuse compagnie, cet homme qui redressait le torse dans les prés et les clairières, se penchait et baissait la tête sur le cou de son cheval dans les halliers ou les fourrés des Charentes ? Il est devenu cet homme-là qui écrit, honteux, ses plus proches et ses plus nostalgiques pensées, cet homme-là qui voit passer avec horreur des matinées semblables à ses soirées, cet homme que ces nouvelles machines traînées par des chevaux de fer dans un fracas de fin du monde révulsent et effraient. Cet homme qui déteste autant le progrès et l'avenir que son passé et ses défaites. Cet homme que sa solitude désespère sans que son visage ne l'avoue jamais, ni sa voix ; cet homme qui n'a personne à qui se plaindre, ni personne à faire rire, cet homme qui abandonnait ses proches, ses amis et ses amours pour être seul, et réfléchir seul, il y a trente ans de cela... N'est-ce pas du plus grand comique ?

Je reviens sur mon balcon, près de Flora et de Gildas que je regarde encore l'un près de l'autre se regarder et parler. Quand je les revis ensemble, un peu plus tard, le mal était fait, et d'une manière si profonde qu'elle était évidente. Mais j'avais été, moi, amoureux éconduit, le premier à savoir qu'un autre ne le serait pas.

PENDANT quinze jours, on ne parla plus de Gildas Caussinade et on ne le vit plus dans Angoulême. Je crus le voir, un soir, à la nuit tombante, conduisant la charrue de son père, derrière les bœufs traçant des sillons dans le grand champ près de la rivière. En fait je le vis, très précisément, et je racontai à Flora que j'avais seulement « cru » le voir. Je lui mentis comme je me mens aujourd'hui sur cette page blanche, sans savoir pourquoi. A y réfléchir, je pense que ce fut pour deux raisons. L'une, informulée, était mon refus de rappeler à Flora l'existence de ce trop beau jeune homme prétendument poète. L'autre était une sorte de remords car j'avais bien vu Gildas Caussinade, penché, pesant de tout son poids sur le soc, le dos courbé et les muscles saillant sous sa chemise de toile grossière, dans l'attitude servile qui depuis des générations était celle des siens. J'en avais ressenti à ma surprise un plaisir trouble non dénué de bassesse. Et la bassesse, je déteste la reconnaître, surtout chez moi. Car tandis que campé sur mon bel alezan doré, ma cravache de cuir à la main, ma chemise de soie et mon jabot voletant au vent, le cuir souple de mes bottes crissant sur la selle, je regardais travailler le jeune homme, j'avais entendu s'élever en moi une voix sarcastique et distraite, une voix qui d'ores et déjà commentait cette rencontre pour Flora : « J'ai vu notre petit paysan-poète jeter ses vers et ses sonnets dans des sillons bien profonds tout à l'heure, ma chère amie. J'espère qu'ils pousseront aussi nombreux et aussi drus que les blés dans notre bonne vieille terre... D'ailleurs, les travaux des champs vont bien à ce garçon. Il avait l'air autrement leste et à l'aise que dans le salon d'Artémise. » Cette voix me fit horreur, comme la facilité de ma plaisanterie. Je ne me reconnaissais pas. Et de fait, ce n'était pas moi qui parlais de la sorte, c'était un futur Lomont, un futur moi-même auquel je finirai par ressembler étroitement un jour, un jour de rage et de désespoir, et dont le destin, toujours facétieux, me donnait un avant-goût. C'est pour ces deux raisons, sans doute, que je dis à Flora avoir cru rencontrer Gildas Caussinade et non pas l'avoir fait.

Toujours est-il que je l'oubliai et pensai que Flora faisait de même. Comme nous étions un jour, après un pique-nique, partis chercher des champignons avec le chevalier d'Orty, un des vainqueurs présumés de la préfète et qui maintenant faisait sa cour, avec beaucoup moins de succès semblait-il, à l'inaccessible Flora, nous nous retrouvâmes seuls, elle et moi, allongés dans l'herbe ou presque, derrière un bosquet, tandis qu'il criait dans le bois : « Flora ! Flora ! Belle Flora ! » d'une voix suppliante. Flora le méprisait. Et elle avait cette habitude devenue si rare dans le monde, et surtout dans notre société, de fuir ce qu'elle méprisait. Nous le vîmes passer, donc, et disparaître derrière un arbre dans son beau costume lie-de-vin ; et Flora se renversa sur le dos, les bras derrière la tête, avec cette parfaite tranquillité que lui donnaient la présence de mon amour et la qualité de mon amour. Ses cheveux étaient mélangés à l'herbe déjà roussie du pré ; le soleil rendait ses yeux bleus presque verts, son cou légèrement hâlé par le cheval et les promenades au grand air lui donnait l'air plus jeune que jamais. Entre ses lèvres, ses dents luisaient, et je détestai une fois de plus que cet amour dont elle me remplissait fût justement de cette qualité-là qui m'empêchait de me jeter sur elle. Pour ne plus la voir, je m'allongeai à mon tour, les bras derrière la tête comme elle, et je fermai les yeux. Sous mes paupières, comme placardé par la scène précédente, le visage de Flora passait et repassait, s'évanouissant ou renaissant dans sa beauté et sa jeune gloire. Elle avait fermé les yeux aussi, du moins je le sentais, car ce fut la voix d'une personne aux yeux clos qui s'éleva tout à coup près de moi, une voix rêveuse et troublée par sa propre musique. Une voix rauque soudain, et sensuelle, la voix que Flora devait avoir au lit avec un homme, dans la nuit, une voix qui murmurait :

Comme je vois tes cils battant les mers brumeuses
De tes yeux entr'ouverts sur un rêve de pierre...

Elle s'arrêta là. Et je restai comme paralysé, le cœur arrêté, n'osant plus rouvrir les yeux, ni rester près d'elle ni la regarder en face tant il me semblait que la jalousie affreuse, la fureur bestiale qui m'avaient envahi en reconnaissant ces vers devaient être visibles sur chacun de mes traits. Et sans doute elle-même avait-elle compris au milieu de ce poème que je pouvais le reconnaître, et n'avait-elle pas su ni s'arrêter aussitôt ni aller jusqu'au bout. L'intensité de mon silence ou le raidissement de mon corps l'avait peut-être alarmée, mais trop tard. Je m'obligeai à me taire, à ne pas bouger jusqu'à ce qu'elle fût partie sans rien me dire, jusqu'à ce que je me fusse prouvé à moi-même, par une démonstration pleine de raison et de bon sens, qu'il n'était pas atroce ni révélateur qu'elle récitât par cœur un poème de Gildas Caussinade.

Au demeurant, quelques jours plus tard, ayant enfoui dans un faux oubli cet incident ridicule — et par cet adjectif « ridicule », c'était ma réaction que je qualifiais — je sus par Artémise que Gildas Caussinade était parti pour Paris et que c'était un secret. Si cela ne tenait qu'à moi, ce secret en resterait un le plus longtemps possible.

J'eus alors quinze jours de bonheur. Il plut huit jours pleins si l'on s'en souvient, en cet été 1833. La semaine suivante en fut d'autant plus ensoleillée, d'un soleil d'autant plus repentant qu'il avait si longtemps fait l'école buissonnière. Dorés ou roses, chaleureux, comme liquides, ses rayons se déversaient inlassablement sur les blés blonds et sur les arbres et les prés verdis de toute cette pluie, sur les maisons lavées, sur des animaux propres, des rivières hautes, sur une province pavée de flaques, embourbée d'eau et de ruisseaux nouveaux où les pas des chevaux ne résonnaient plus et s'amortissaient dans un bruit de succion. Une sorte de langueur se mêlait à ces buées d'averses. Comment m'expliquer... ? On ne galopait plus, on flottait. Il semblait que le combat du soleil et de l'eau fût incertain et, par cela même, délicieux. Un voile liquide, comme une toile d'araignée, s'interposait partout, étouffait les voix, ralentissait les gestes, adoucissait les profils, amollissait les cœurs, purifiait le teint. La peau des femmes en semblait à la fois plus riche et plus pure ; les hommes étaient moins velus et les saules plus pleureurs que d'habitude. Bref, Flora était plus tendre. Nous galopions ensemble, nous déjeunions ensemble, nous parlions ensemble, nous riions ensemble et je boudais tout seul ; et si rarement qu'on eût pu nous croire mariés depuis peu, qu'on eût pu croire même à une comédie tacitement reconduite dans cette bouderie solitaire qu'elle refusait de voir, ou ne commentait que par un sourire plus tendre que d'habitude. En quinze jours, je ne lui signifiai que trois fois ce qui me tenait à cœur : que je l'aimais, que je la voulais et que ma vie ne voulait rien dire sans elle.

La première fois, comme par inadvertance, dans un couloir du pavillon de chasse de d'Orty où, ayant tenté de nous croiser, elle, chargée de fleurs, et moi, de gibier, vers le soir, nous fîmes deux, trois pas de gauche à droite, mais du même mouvement, nous barrant ainsi trois fois la route avec maladresse et rapidité. L'échec de ces manœuvres nous arrêta très près l'un de l'autre, riants et agacés — tout au moins elle. Je vis l'agacement faire place à la panique dans ses yeux lorsque, emporté par ce qu'il me semblait l'expression la plus sincère, la plus juste et la plus irrésistible de ma nature, je lui demandai de m'aimer, de ne plus bouger. Oui, je me souviens exactement lui avoir dit : « Aimez-moi, Flora. Arrêtez-vous pour de bon et aimez-moi. » Son regard vacilla, elle ouvrit la bouche, et je ne sais pas encore ce qu'elle m'aurait répondu — j'essaye encore de ne pas le savoir — si la lourde voix du préfet dans mon dos n'avait crié : « Eh bien, Lomont, on fait sa cour comme un hussard, semble-t-il ? » avant que je ne m'efface devant elle.

La seconde fois fut plus préméditée, plus cruelle aussi. Elle avait été si délicieusement, naturellement tendre et attentive à moi tout le jour, toute la longue journée d'un pique-nique au bord de l'Arce, j'étais rentré chez moi si heureux avant de me changer pour le soir, si heureux et si malheureux de ne pouvoir lui dire ce bonheur, la reconnaissance éperdue et stupide que je lui en portais... Et lorsque je vis dans le miroir de mon barbieri ce visage transporté et enthousiaste, ce visage arrondi et rendu puéril, quasiment sot, par le bonheur, et lorsqu'en ce visage je me fus reconnu, moi, Lomont, notaire paisible d'Angoulême, je décidai qu'il fallait trouver quelque alibi, quelque raison d'être à cet inconnu. Je

foudre imprévue, Gildas Caussinade n'avait resurgi un beau soir au milieu d'un bal, une estafilade au front. Il entra brusquement en faisant sauter deux mesures à l'orchestre, deux pas aux danseurs, et en faisant sauter aussi le cœur de bien des femmes tant il était beau et tragique à la lueur des bougies. L'orchestre s'arrêta. Il y eut un silence théâtral et je me sentis un instant envie de rire malgré moi, malgré ma jalousie devenue curiosité, presque sympathie, tout ce que ce garçon exténué, à bout de souffle, provoquait chez moi, quoi que j'en eusse.

« Je vous demande pardon », dit-il d'une voix ferme et surprenante chez quelqu'un de si pâle, et il s'adressait visiblement plus à Flora qu'à la maîtresse de maison. Je la regardai. Flora était blanche comme je ne l'avais jamais vue être blanche, même lorsque son cheval s'était emballé sur deux lieues un jour d'orage.

Paris était alors couvert de barricades. Gildas fut assailli de questions. La musique ne reprit que plus tard et ce fut sans doute le bal le plus réussi de la saison, celui plutôt dont on jugea qu'il était le plus réussi puisqu'il avait été distrayant et qu'une part d'imprévu s'était mêlée à ses autres délices. Il fallait être en effet amoureux comme je l'étais, ou avoir été veuve dans une campagne anglaise comme l'avait été Flora pour s'amuser aux bals d'Angoulême en cet été

1833. D'ailleurs mon amour et l'insouciance de Flora furent nécessaires tout au long de ce récit où rien de ce qu'il rapporte, rien de ce qui s'y est passé, rien de ce gâchis, de cette ruine, de ce désastre et de ces larmes n'eût été possible s'il n'y avait eu, au départ, la double solitude de Flora et de moi-même.

L'affolement de Flora et sa pâleur devant ce garçon m'avaient mis d'humeur exécrable. Pour la raccompagner à Margelasse, nous montâmes dans son tandem attelé de Hellio, le trotteur noir de Flora, un superbe hongre irlandais toujours sur l'œil, et de mon Philémon, le trotteur rouquin qu'elle m'avait fait acheter à Confolens un jour de foire. Je les laissai partir vite, contrairement à mes habitudes, et Flora, si elle n'y avait pas fait attention jusque-là, s'aperçut de mon humeur. Elle tenta d'y remédier, me prévenant de ne pas casser son visky, comme elle s'amusait encore à nommer sa voiture, et comme je m'amusais d'habitude aussi à le lui reprocher, ainsi que tous ses anglicismes qui devaient être en tout au nombre de trois. Cette fois-ci je ne la repris point et elle se tut d'un air pensif. Je réfléchissais ou je le tentais. Il me semblait soudain que mes cinq sens, mes facultés de pensée, mon imagination et ma mémoire, étaient comme galvanisés à la perspective de me faire souffrir, et que, la jalousie aidant, il me poussait des yeux aux tempes, des tentacules derrière les oreilles, que mes narines se dilataient à l'extrême afin que je puisse mieux voir de côté, entendre de loin et respirer à fond tout signe propre à exciter cette jalousie. Il me semblait tout à coup receler derrière l'insouciant jeune homme ou l'homme débonnaire que j'étais supposé être un sinistre malade, un forcené habile et pervers, acharné à sa propre perte. Cette idée d'un divorce d'avec moi-même m'effleurait pour la première fois. Et sous l'offense, le dégoût et la crainte que cette sensation m'inspirait, je relançai nos chevaux de la main et de la voix. Ils bronchèrent, ressentant aussitôt ma colère, et bondirent dans l'obscurité. Notre mutisme ne fut pas dérangé pendant les dix minutes qui suivirent tant je fus occupé à les retenir, à casser l'emballement de ces bêtes.

Après dix minutes, dix minutes de tournants pris à demi versés, de fossés sautés et de champs saccagés, je parvins à les arrêter. Je sautai du tandem, vins à leurs têtes et, les ayant attachés à un arbre, je leur parlai, leur flattai le col, les assurai de mon affection et de mon regret : je fis en somme pour eux ce que Flora aurait dû faire pour moi.

Elle était descendue, elle aussi, elle m'avait rejoint près du tronc de l'arbre, le visage à peine pâli. Elle n'avait pas poussé un cri, un seul, durant cette folle cavalcade, et ce courage, qui m'eût la veille paru admirable, ce soir me semblait agaçant. Je levai la tête. Il y avait une lune superbe dans le ciel bleu sombre piqueté d'étoiles ; mais des nuées innombrables, des nuées fumeuses venues de l'est, venues du Quercy, glissaient parfois devant cette lune inerte, nuées menaçantes et morbides. La gorge serrée, je les regardais, la tête renversée en arrière, reprenant mon souffle avec peine, mes mains couvertes de bave et d'écume posées sur mon beau pantalon neuf : un pantalon de nankin que Flora m'avait aussi fait acheter un jour de caprice. Et soudain l'idée de tous ces achats superflus, la dureté des rênes entre mes doigts et la certitude de mon amour repoussé, tout me parut subitement ridicule et lugubre. « Nicolas... », disait la voix de Flora, et je baissai les yeux sur elle. Nous échangeâmes alors un curieux sourire, je me le rappelle tout à coup, un sourire comme résigné déjà à la suite... avant que je ne recommence à me poser des questions.

HIER, pour la première fois depuis que j'ai commencé à gâcher le beau grain de ce papier, j'eus le sentiment de me rappeler quelque chose de nouveau, de retrouver un souvenir jusque-là non répertorié dans ma tête. J'avoue que cela m'a déplu et même terrifié. Car de ces souvenirs inconnus logés dans ma mémoire, je crains autant la douceur que les coups. Le rappel des moments heureux ferait-il naître d'autres regrets, et celui des mauvais se creuser d'autres chagrins ? Quelle mouche m'avait donc piqué d'ouvrir ce cahier ? Et quelle ténacité ou quelle savoureuse souffrance y ramenait ma main, l'y ramène en cet instant même ?

Je suis seul, là, dans la mansarde de ce grenier où j'ai installé ma « tour d'ivoire », comme l'écrit si dédaigneusement Monsieur de Vigny. Une tour d'ivoire qui sent le moisi, que je ferme à clé derrière moi sans pour cela rassurer ma fidèle gouvernante. Elle me croit plongé dans des dossiers et s'effraye déjà de ce lieu bizarre pour y travailler. Elle se désole de l'abandon que je fais de mon beau secrétaire d'acajou, lustré par elle tous les matins. Si elle savait, en plus, le sujet de ce dossier... Le scandale de 1835 est éteint mais son souvenir reste et ne s'affadit point. On en parle encore à plus de trente lieues d'Angoulême.

Par la lucarne de ce grenier je vois le soir et, allongée sur les mêmes pelouses, l'ombre de ma maison, de mes arbres, de tout ce que j'ai et tout ce que j'ai rêvé si longtemps de partager et de nommer à la première personne du pluriel. Tout ce que, depuis, je hais pour le singulier que la vie m'impose : ma maison, mes pelouses, mon cœur, tout cela, excepté le dernier nommé, n'a jamais eu qu'un seul maître et leur don et leur partage me furent refusés. Le pronom « nous » n'est pas pour moi, ni l'adjectif « notre ». Les prés sont violets, c'est que le colchique y a surgi et que ses reflets y tremblent. J'entends sonner l'église, signe de vent d'est et de pluie. Quand Flora l'entendait, elle, à Margelasse, c'était qu'il allait faire beau. Nous n'avions pas le même vent, ou plutôt le vent ne voulait pas dire la même chose pour elle et pour moi. Je suis bien stupide de m'étonner que notre mariage ne se soit pas fait.

Gildas n'était pas revenu de Paris avec une estafilade au front comme seul souvenir, il en rapportait aussi des exemplaires de *la Revue des Deux Mondes* où ses vers avaient été publiés. De plus, il avait commis une pièce de théâtre dans la plus grande discrétion, une discrétion qui faillit lui coûter fort cher au demeurant.

J'arrivai un jour chez Flora, la semaine qui suivit le bal, et j'arrivai au pas, sans faire le jeune homme et le caracoleur pour une fois, mon cheval ayant eu chaud dans l'après-midi. J'arrivai donc au pas pour le sécher et l'ayant tout seul attaché à un anneau et ne trouvant personne pour m'introduire, je me dirigeai vers le salon bleu. Je m'arrêtai une demi-seconde dans le boudoir devant la psyché pour repousser mes cheveux en arrière, et c'est alors que la foudre me tomba dessus. Par l'entrebâillement de la porte donnant sur le grand salon, résidence habituelle de Flora, j'entendis la voix de Gildas :

« Je vous aime à en devenir fou ! Je me moque du monde extérieur, je me moque des fureurs de vos pairs, je me moque de tout ce qui n'est pas vous ! »

Il disait cela d'une manière fiévreuse, adolescente et virile, avec une conviction qui fit de moi un assassin. Je fis deux pas vers le salon, vers cette porte et vers ce sacrilège. Ma main avait retrouvé à ma ceinture le couteau de chasse que j'y gardais en général pour couper les branches, arranger les sangles, nettoyer les sabots du cheval, et non pas comme on aurait pu le croire à me voir ce jour-là, pour en égorger mon prochain. Ma main avait été malgré moi, d'un seul geste, vers ce couteau tranquille, et le tenait, la lame en avant, brûlante de soif.

« Ah vraiment, vous m'aimez ! Le bel aveu ! Et que fais-je d'autre, moi, que de vous aimer aussi follement et d'attendre que vous me le disiez ? »

C'était Flora qui parlait mais elle disait ces mots en les coupant en deux, en marmonnant la fin, bref en les déchiffrant, ce que je compris en une seconde avant de m'élancer. Je le compris juste à temps. Je m'arrêtai et je l'entendis dire en riant, d'un rire délicieux, pur et tranquille qui me fit honte : « Votre écriture est impossible, Gildas, décidément ! »

Il rit en retour et moi-même c'est en souriant que j'entrai dans la pièce.

« Quels sont ces cris d'amour que l'on entend du parc ? » demandai-je avec une affabilité qui étonna Flora, mais qui ne sembla pas réjouir le jeune homme. « Je ne vous croyais pas si bonne comédienne, ma chère amie », enchaînai-je en lui baisant la main, et elle me jeta un rapide coup d'œil scrutateur. Cela lui donna un air de duplicité tout à coup qui me déplut. Je me sentais supérieur à la situation, presque dédaigneux de ce qui aurait pu être. Je me sentais indifférent, audacieux, désinvolte et, effectivement, j'avais toute la désinvolture, l'audace et l'indifférence que l'on éprouve en se retrouvant indemne après ce qu'on a cru être un accident mortel. La rivière ne vous fait plus peur, ni la noyade. On se croit sauvé des eaux à jamais et l'on recule en souriant, intact et dédaigneux, pour tomber dans le gouffre ouvert derrière soi.

Je me rends compte à présent que je suis une personne, j'étais en tout cas jusqu'à Flora une personne qui ne s'était jamais vraiment adressé la parole : comme, je le crains, beaucoup d'hommes, et peut-être de femmes d'ailleurs, de ma génération. Seuls les poètes avaient droit à ces dialogues intérieurs, et c'est peut-être pour se venger de ce silence forcé qu'ils abusaient de leurs confidences. De toute façon, ils ne nous représentent pas. Personne ne nous représente. Nous étions à cheval sur une époque où, tout étant interdit, tout devenait de ce chef désirable et fatal, et sur une autre époque, où bien des choses étant libres devenaient ternes en même temps que permises. Les deux époques ont un seul point commun : c'est qu'elles seront toujours, à perte de vue, à perte de vie et à perte de répétitions, interminablement surveillées, commentées et sanctionnées par une société qui perd la tête entre ses interdits et ses exhortations. De toute façon ces poètes, quels qu'ils soient, nous les aurons enviés pour leur bavardage. La pudeur bourgeoise et le triste orgueil de se dire qu'on obéit à ses lois ne soulageront jamais le besoin de crier fort, de hurler à la mort comme je le fais en ce moment ; ce besoin si violemment éprouvé par tout être humain. Nous sommes, nous avons été, nous serons... Pourquoi faut-il que je mette encore tout cela au pluriel ? Est-ce un dernier et ridicule refus de ma solitude, de la singulière impuissance de mon existence ? J'ai été, je suis et je mourrai bâillonné, esclave des lois, des préjugés, d'us et d'habitudes, de maniaqueries et de confort, d'interdits et de chaînes dont je n'aurai jamais connu la raison, l'origine ni l'utilité. Les hommes et les femmes de notre époque ont été dressés à se détester avec les plus grandes marques de respect, et tous ceux de nous qui ont voulu ou espéré jouer autrement les règles supposées normales et délicieuses de l'amour se sont vu parfois bafoués ou expulsés, mais plus banalement, et le plus souvent, emprisonnés pour la vie près d'une étrangère ou d'un étranger que tous les sacrements, les regards de la société et les balbutiements des enfants ne peuvent rendre autrement que haïssables, envenimés, désespérés. On nous prépare à une lutte, à un affrontement, en aucun cas à une union, ni même à cette amitié, cette confiance qui peut être la suite ou le substitut de la passion. Ce qui fait de nous, inexorablement, soit le maître despotique et indifférent des femmes que nous ne désirons pas, soit la victime des autres, celles qui nous plaisent d'une manière animale et qui sur nous vengent leurs sœurs, sans même le vouloir, par simple justice ou coquetterie.

Le soir tombe. Il n'y a plus d'ombre aux arbres, il n'y a plus d'ombre sur les prés que ce léger brouillard qui annonce la nuit. Mon histoire n'a pas poursuivi ce soir sa course habituelle, et si j'avais un lecteur, et si ce lecteur avait été assez patient pour suivre les sinueux détours de mes belles amours malheureuses, il s'en plaindrait peut-être... J'avais pourtant décidé de poursuivre ce récit mais je m'aperçois que si je n'ai pas acquis les habiletés de mes célèbres confrères, j'en ai en tout cas acquis les vices. A me relire, je vois trop bien avec quelle molle complaisance, quel grotesque plaisir je me laisse aller à jouer le peintre des âmes. Me voilà, moi, notaire à Angoulême, occupé à retracer avec autorité le contour d'un cœur que je n'ai même pas su émouvoir, sinon de pitié. Me voilà expliquant, commentant, déclamant, proclamant, déterminant toutes les subtilités qui ont échappé à d'autres. Oui, à me relire et à voir quel progrès la prétention littéraire a déjà fait faire à ma sottise naturelle, de quelles redondances ma plume se plaît à l'orner, je me sens soudain déborder d'indulgence pour ces littérateurs que j'ai tant raillés toute ma vie. Je vais aller coucher sur le duvet de mon oreiller cette tête chenue enivrée de ses propres discours. Il semblerait qu'il soit temps...

... SI, quand même, il me reste trop de souvenirs précis, et puisque j'ai décidé de tout me dire et de ne rien oublier, rappelons-nous. Je me revois dans ce boudoir à l'instant où Gildas disait ces mots d'amour à une Flora que je ne savais pas innocente. Je me revois debout, le poignard en main, prêt à tuer et insulter un jeune homme et une femme qui ne me doivent rien ni l'un ni l'autre. Je tremble de tous mes membres, je suis inondé de sueur aigre et je dois m'appuyer à un fauteuil damassé d'un jaune paille. En mourant, peut-être verrai-je encore ce petit boudoir qui précédait le grand salon de Margelasse, ces persiennes fermées et, à travers elles, les rayons dorés et ocre du soleil où voltigeaient et se multipliaient des poussières impalpables. Le tissu du fauteuil est fané, un ancêtre de Flora jette sur moi, du mur, un œil amusé qui me le fait haïr. Il y a de la boue à l'extrémité de ma botte, qui m'obsède comme une faute.

Je suis perdant, perdu, ridicule.

Car si c'était une répétition de théâtre, c'en était une aussi de l'avenir, quelque chose me le jetait au visage. Je me rappelle m'être redressé, chancelant, avoir vu mon visage dans la psyché avec dégoût, et je me rappelle une fois de plus avoir songé à un crime que j'aurais dû commettre.

Je me souviens un peu plus tard d'avoir regardé ces deux êtres également charmants, et dont l'accord me tourmentait déjà. Ils avaient repris leur lecture et, stimulée sans doute par la présence d'un témoin, Flora lisait mieux. Elle trouvait plus de vérité pour dire ces phrases devant un homme que cet accent de vérité mettait au désespoir. C'est grâce à moi que, ce jour-là en tout cas, Flora et Gildas purent finir sans trop de mal leur duo passionné. Et le fait de m'en apercevoir me communiquait un rire nerveux et sarcastique que je ne me connaissais pas, un rire qui me soulageait et m'enferrait en même temps. C'est ainsi que je commençai la découverte de moi-même. C'est ainsi que je découvris en moi un témoin, un lecteur, et que je posai sur mes propres agissements ce regard opaque, aveugle et froid qui, petit à petit, est devenu avec les années mon seul regard. Je l'ai dit, depuis l'arrivée de Gildas entre Flora et moi, j'éprouvais de plus en plus souvent des sentiments partagés, des sentiments que je n'arrivais pas à nommer ni à deviner, des sentiments dont le sens et l'écho moral m'échappaient. Je m'étais jusque-là considéré comme un homme de bien et un homme assez courageux. Or je me sentais de plus en plus souvent un lâche, un faible et un menteur. Un lâche surtout. Il m'arrivait de détourner les yeux en me voyant dans le miroir, et même une fois je brouillai machinalement de la main le reflet que me renvoyait la mare où je faisais boire mon cheval. Je le fis sans y penser, comme on fait un geste d'hygiène, et c'est le contact de l'eau froide, glacée sur mes doigts, qui me rendit conscience de mon geste et de ce qu'il signifiait. « Mais tu n'as rien fait..., balbutiai-je, tu n'as rien fait de mal ! » Et je me vis soudain m'apostrophant moi-même, seul dans une clairière avec mon cheval.

J'AI fort mal dormi la nuit dernière et je crois savoir pourquoi. Ce bavardage puéril que je tiens avec mon passé doit être terminé au plus vite. Je ne suis pas d'une nature assez démonstrative ni assez fausse pour me livrer plus longtemps à cette ridicule confession. Je brûlerai tout cela à la fin de la semaine.

J'appris ce soir-là en bavardant sur la pelouse de Margelasse certains détails du voyage de Gildas dans la capitale. Gildas avait eu la chance de tomber sur Monsieur de Musset, celle que ses poèmes lui plussent, et celle surtout, qu'échappant pour une fois aux travers de sa profession, Monsieur de Musset fût plus ravi que furieux devant un nouveau talent. Je ne parlerai pas ici des écrits de Gildas Caussinade. Je n'y connais rien, au fond. Finalement, je n'aime vraiment, je n'ai d'estime que pour les actes notariés, précis, froids peut-être, mais loyaux. Les hommes sont des animaux imbéciles toujours en proie à l'orgueil, la colère ou le rut. Il importe avant tout de les calmer, de les classer et de les étouffer dans des tiroirs bardés d'étiquettes, c'est mon métier et c'est sans doute un des plus utiles à notre société.

Gildas Caussinade, donc, après ses vers qui avaient plu au public parisien, vint montrer son visage qui acheva la conquête de ses lecteurs déjà enthousiastes. On le fêta, on l'adula, et je dois dire qu'il rentra de Paris comme si rien de tout cela n'avait eu lieu. Il revint comme un jeune homme que l'on n'aurait pas fêté au Café de Paris, comme un jeune homme que Madame Sand elle-même n'aurait pas déclaré séduisant. Gildas Caussinade rentra comme un fils de paysan qu'il était, reprit sa fourche et sa herse, et n'aurait sans doute pas parlé davantage de ses aventures dans la capitale si Artémise et d'Orty, abonnés à toutes les revues de Paris, n'eussent entonné le récit de ses exploits. On l'arracha à ses champs, à ses foins, à son bétail, et on le fit asseoir au milieu du salon. On changea sa fourche pour une harpe et son chapeau de paille pour une auréole : celle, irrésistible à l'époque, de la poésie. De la rencontre, de la conspiration peut-être ou des barricades dont il avait rapporté l'estafilade qui lui barrait le front, personne ne sut rien.

Encore aujourd'hui, je ne sais pas ce que pensa Gildas Caussinade de tout cela. Il devait être piquant pour ce jeune homme qui faisait fructifier nos terres, qui avait passé sa jeunesse, son temps et ses forces à fertiliser des champs dont il ne récolterait pas un grain (tout cela sous nos yeux dédaigneux et ingrats), il devait être piquant, dis-je, de voir tout ce joli monde autour de lui occupé à lui arracher une faux dont on se fût scandalisé, un mois plus tôt, qu'il la déposât cinq minutes. Je lui prêtais, je lui espérais les plus acides réflexions et les plus méprisantes. Mais il offrait à mon attention incessante un regard de jeune chiot, ou de jeune homme sensible, également innocent et rêveur. Il souriait, ses yeux souriaient, et j'ignorais encore, je voulais absolument ignorer que cette indulgence et cette grâce étaient l'indifférence fondamentale, absolue que donne l'amour à un amant heureux — ou sentant qu'il va l'être. Flora promenait partout, elle aussi, des yeux extasiés et récitait sans se cacher les poèmes qu'elle avait tenté de rattraper sur ses lèvres lors d'un pique-nique pas si lointain. Monsieur Jules Janin, descendant voir une parente vers Nîmes, nous fit l'honneur de passer par notre bonne ville et se précipita au cou de Gildas, cause de son détour. L'honneur rejaillit sur chacun de nous. On fit des dîners où la naïveté le disputait au pédantisme de la manière la plus éhontée et la plus ridicule sans que personne s'en rendît compte, semblait-il, sauf moi. Moi, brûlant, ravagé, impuissant, furieux, moi, le bon, débonnaire et affable Lomont, notaire de son état. Cette transformation du bon chien berger que j'étais en serpent venimeux devait être invisible puisque même Flora ne s'en rendait pas compte. D'ailleurs, elle ne se rendait plus compte de rien à mon sujet, elle me parlait sans m'adresser la parole, elle me voyait sans me regarder, m'écoutait sans m'entendre ; et je crois que j'eusse pu l'embrasser et la prendre sans qu'elle sentît mon contact. Je ne fus pas assez courageux pour tenter l'expérience. Gildas, lui, le fit à ma place et me prouva que j'avais eu tort, peut-être.

Un soir où il pleuvait à seaux une fois encore, ou plutôt pour la première fois de cet automne étincelant — mais il me semblait qu'il tombait des trombes d'eau depuis le retour du poète — il fut, par ces circonstances atmosphériques, amené à raccompagner seul Flora. Ayant bu quelque vin de Toquay ou quelque champagne, chose inhabituelle car le garçon était sobre, il osa dire à Flora ce qu'elle attendait qu'il lui dît. Elle le laissa dire, elle le laissa pencher sur elle sa belle tête brune dans le fond du cab. Elle le laissa poser un peu partout sur elle sa bouche brûlante. Elle le laissa monter avec elle le perron, l'escalier de son petit château, elle le laissa monter avec elle dans ce grand lit aux draps mousseux et blancs que j'avais entrevu une fois, par hasard, et dont l'image hantait mes nuits. Et les hante toujours... J'ai cassé ma plume en écrivant ce résumé qui me révulse encore ; j'ai même logé un éclat sous l'ongle de mon index, ce qui m'incite à arrêter là ce récit, en attendant de le reprendre. Si je le reprends un jour...

JE m'étais décidé il y a un mois à arrêter ce récit et même à en brûler les pages. Mais je ne m'y suis pas résigné, soit que je me sois attaché à ma propre prose par une faiblesse commune, dit-on, à tout écrivaillon, soit — et cela me paraît le plus probable — qu'un réflexe de tabellion consciencieux répugne en moi à laisser un compte rendu inachevé. Je continuerai donc, mais j'essaierai d'être moins amer. Car il est vrai, hélas, que le sarcasme s'avère presque inévitable dans ce que peut dire un homme à propos d'une femme qui ne lui a pas cédé. Il se venge plus durement que ne le ferait un homme comblé, même trompé ou abandonné par la suite. C'est que les souvenirs charnels, si cruels soient-ils pour la victime d'une passion, obligent quand même à quelque tendresse pour son bourreau : et c'est cette tendresse que l'imagination la plus déchaînée ne peut fournir à l'homme rejeté. Le parfum, la chaleur et la peau d'une femme font dans la mémoire un lit autrement tendre que le plus brûlant des désirs s'il est inassouvi. Gildas, s'il vivait encore, parlerait autrement de Flora, qu'il aima moins que moi cependant : il en parlerait plus doucement et plus respectueusement que moi. Moi qui semble ici la juger et même la mépriser... Moi qui... Flora... Ah, ma Flora... Mon cœur, mon âme, ma beauté, mon soleil ! Mon seul feu... Le seul rire de ma vie... Ah, si cela est vrai, Flora ma bien-aimée, si, seule dans la terre où tu achèves de te perdre, si dans la nuit où tu achèves de m'échapper, tu as senti comme une insulte venue de moi, pardonne-moi... Pardonne-moi, tu le sais, je te pleure toutes les nuits...

Revenons à mon histoire. Elle se passa il y a trente ans, je me le rappelle, et il y a trente ans, ce qu'on appelle les préjugés — et qui n'étaient en fait que l'instinct de survie de notre classe supérieure —, les préjugés avaient à peine commencé leur déclin. La bonne société s'y conformait et expulsait ceux qui y manquaient. Flora était née Margelasse, ses aïeux avaient été à la première et à la deuxième croisade — cela par son père — et quant à sa mère, née Aimée d'Arnagol, elle remontait par ses ancêtres jusqu'en 1450.

Or Gildas Caussinade, lui aussi, aussi loin qu'il pût remonter dans le passé, se retrouvait non seulement roturier, mais paysan et, plus loin, serf. Tous ses ancêtres avaient été domestiques chez nos ancêtres à nous, ses nouveaux amis, et des amis auxquels il parlait encore aujourd'hui chapeau bas. Gildas Caussinade, en tant que tel, et bien que poète à Paris, risquait tous les jours de recevoir d'un de ses amis, pour peu que celui-ci fût mal luné, un coup de badine, ou pis, une pièce de monnaie.

On le voit bien : il était impossible que l'ami, l'amant, le compagnon de Flora de Margelasse supportât cela, la pièce ou la badine. Il était impensable également que ces hobereaux contents de l'être donnassent du jour au lendemain du « Monsieur » à ce métayer. Et il serait impossible de surcroît de savoir, dans ce cas, si c'était la distraction ou l'insolence qui dicterait leur conduite. Les deux amants y pensaient-ils ? Y avaient-ils même pensé ? Je jurerais que non, si étrange que cela puisse paraître. C'est que ni l'un ni l'autre n'avait espéré un instant voir son amour partagé. La distance qui les séparait et qui, pour nous, les témoins, semblait énorme, était pour eux, uniquement conscients de leurs sentiments, gigantesque. Ils n'écoutaient que les bruits de leur propre cœur, craignant celui de l'autre sourd et muet. Bref, ils durent s'éveiller le lendemain plus stupéfaits qu'épouvantés, et moins épouvantés qu'heureux : le ciel immuable et gris de leur existence, de leur plate solitude venait de se déchirer, et dans sa trouée apparaissait un soleil éclatant, radieux, celui de l'amour partagé. Qu'importait que derrière lui accourussent tous les nuages noirs, menaçants et pressés du scandale ? Ils n'en avaient cure. Et pourtant Flora risquait la déchéance, l'exil de sa société naturelle et une vieillesse solitaire et déshonorée. Gildas, lui, risquait les affronts, la colère, la haine. Mais, encore une fois je le répète, ni l'un ni l'autre n'avait eu le temps de penser à tout cela sinon comme à des dangers improbables, trop improbables pour ne pas être presque désirés. Ni l'un ni l'autre n'avait eu l'idée même de trembler devant une autre menace, un autre mal que celui qui les désespérait chaque soir, d'ores et déjà : les draps de dentelle ou le matelas de paille, qu'importe... mais vides, atrocement vides en tout cas, et où, quotidiennement, chacun avait rendez-vous au soir avec sa solitude et la nostalgie désespérée d'un autre corps. Ce vide, ce désespoir et cette nostalgie, comme ce désir, sont les seuls points communs que nous ayons eus tous les trois. Sauf que rien ne fut comblé chez moi, ni apaisé.

C'est en octobre ou novembre, je ne sais plus, que je fus convoqué à Bordeaux pour y déposer dans un procès et y assister un ancien condisciple. C'était un petit hobereau malheureux en tout, déshérité par sa famille après avoir été moqué au collège, et qui à présent, volé par ses métayers et méprisé par ses voisins, n'avait pu supporter d'être trompé par sa femme et l'avait tuée. J'y allai et, devant l'incurie de son défenseur, finis par le remplacer à demi, le défendis pas trop mal, arrachai, en fin de compte, son cou aux jurés et aux juges (un cou qu'il glissa lui-même, d'ailleurs, dans une corde, deux ans plus tard). J'eus l'heur de faire pleurer les femmes et de plaire aux journalistes qui étaient venus de Paris voir ce spectacle devenu rare : un gentilhomme jugé pour un crime de gueux, un homme bien né jaloux de sa propre femme. Ces journalistes ayant pleuré aussi aux audiences, le vin du pays aidant, chantèrent mes louanges et je rentrai à Angoulême en triomphateur. Je fis trente lieues en huit heures, changeai trois fois de cheval et arrivai, harassé comme un jeune homme, à Margelasse sans m'être fait annoncer. Il me semblait dans ma sottise que les anges de la renommée ayant leurs trompettes dans le préau des assises de Bordeaux s'étaient rués ensuite à tire-d'aile jouer le même hymne aux oreilles de Flora, et que l'Aquitaine ne résonnait que de mon nom et de mon retour. C'était la seconde fois que j'arrivais sans être attendu chez qui que ce soit, et ce fut la dernière. La vieille tante qui m'avait élevé et m'avait enseigné cette règle d'or de ne jamais survenir ainsi sans prévenir n'eut pas à se retourner une fois de plus dans sa tombe.

A peine passé Angoulême d'ailleurs, l'entrain qui m'avait fait sauter d'un cheval à l'autre pendant ces trente lieues s'était dissipé, et je ressentais tout à coup les fatigues de ce voyage de jeune homme. J'étais moulu, brisé, je ne sentais plus la bouche de Philémon, pourtant retrouvé avec soulagement une heure plus tôt. Je ne m'accordais plus à ses allures, fort allègres après ses trois jours de repos. Je le menai mal, le contrariai et, en arrivant aux grilles de Margelasse, il était trempé d'une sueur blanche déshonorante pour un cavalier. Je décidai de le faire sécher un peu, mis pied à terre et marchai près de lui dans l'allée. J'étais trempé aussi, et j'eusse préféré l'être, comme mon cheval, de colère et non pas de peur comme je l'étais sans savoir pourquoi. Quelque chose me serrait la gorge. Mais, je le répète, j'étais triomphant, mes oreilles bruissaient encore des compliments bordelais et mon humeur s'allégea en même temps que celle de mon cheval. Dans le même moment où ce bel animal se disait sans doute : « Bah, calmons-nous. Mon maître est maladroit aujourd'hui, mais il n'est pas méchant après tout. Il n'use ni de cravache ni d'éperons à mollettes. Restons indulgent », je me disais à moi-même : « Bah, calmons-nous. Flora est imprudente, férue de poésie, mais elle n'est pas légère. Elle a le sens des conventions et le respect d'elle-même. Il ne se sera rien passé, bien évidemment. » J'espérais ne trouver à Margelasse que Flora, et sans son sigisbée. La lecture de ses poèmes, demandée et appréciée par une noble femme, n'aurait pu faire oublier à un Caussinade qu'elle était aussi une femme noble : Si je lui parlais de mes soupçons, Flora allait me rire au nez. Et malgré moi, je souriais en me remettant en selle, en imaginant, en entendant déjà la voix moqueuse et tendre de ma Flora. Philémon, redevenu fier et content, entra au petit galop dans la cour et j'eus du mal à l'arrêter à la barrière : il eût volontiers escaladé le perron et devancé mon propre plan.

Un silence absolu régnait sur la pelouse en ce début d'après-midi. Le ciel était d'un blanc bleuté sur le toit d'ardoises, un ciel de chaleur, sans souffle et sans poussière, où veillait un orage immobile. Je fis le tour du manoir par le côté droit, répugnant à refaire le trajet de ma dernière visite intempestive, ou que j'avais crue telle, répugnant à retraverser ce boudoir jaune, heureux de retrouver Flora dans sa véranda, sur la pelouse ouest, où elle devait donner à manger à ses cygnes ou lire quelque poésie. Je savais l'y trouver, comme à son habitude quand il faisait beau, et je pensais vraiment l'y trouver seule, je le jure. Comme je jure que j'ignore encore ce qui me fit marcher si légèrement, si prudemment sur ce gravier crissant et si furtivement sur ce gazon déjà roux. Je ne pensais à rien, je ne me disais rien, je ne redoutais rien ni ne désirais rien. J'étais vide, transpirant et vide tout à coup. Celui qui marchait comme un espion était un homme que je ne connaissais pas, et qui d'ailleurs n'en savait pas plus que moi. La preuve en est que cet inconnu resta foudroyé en tournant l'angle du mur et en voyant Flora, à demi allongée sur son fauteuil d'osier, Gildas couché à ses pieds, la tête sur sa hanche. Elle venait de prendre une framboise dans une coupe à sa droite et elle tentait de la glisser entre les dents blanches du garçon. Mais il serrait les mâchoires avec un rire grondant dans la gorge et elle s'obstinait, riant elle aussi, pressait ses doigts si fins, si pâles contre les lèvres pleines et gonflées de Gildas, que je devinais chaudes et insistantes, contre lesquelles, d'ailleurs, les doigts de Flora s'attardaient, se dépliaient, avant de remonter vers le front, les cheveux de Gildas où ils se glissaient, laissant ainsi la paume entière de la main à la merci de cette bouche enfin docile et qui s'ouvrait au centre même de cette paume et y restait attachée, tandis que Flora fermait les yeux et crispait ses ongles dans les cheveux sombres.

Je restai immobile pendant cette scène, pétrifié de peur. Oui, je l'avoue, je me l'avoue à moi-même aujourd'hui : de peur. La peur infâme d'être vu, la peur d'être surpris à surprendre, d'être obligé de me conduire comme quelqu'un qui a vu, c'est-à-dire de me conduire en homme furieux, offensé, méprisant, en homme que désormais son devoir et son honneur éloigneraient à jamais de Flora, puisque Flora de Margelasse avait une liaison, sinon contre la nature humaine, du moins contre l'ordre social, et qu'elle préférait s'abandonner à l'une plutôt qu'obéir à l'autre. Toute ma vie m'avait appris à préférer justement ce qu'elle bafouait : l'ordre. Je commençai à reculer lentement, pas à pas, tremblant qu'ils ne me voient et tremblant à me voir, moi-même, reculer de la sorte. Où étais-je donc ? Où étaient passés ma fureur et mon désir de tuer du mois précédent ? Quel était cet homme pudibond, troublé, au bout du désespoir mais craignant avant tout de se retrouver au bout de sa solitude ? Rentré derrière le mur d'où je venais et où je disparus, je m'accotai à la pierre, le souffle court. Et là, écoute-moi, lecteur, si tu le supportes encore, là, je respirai, je souris et je me sentis sauvé.

Sauvé ? Moi qui venais de perdre tout espoir de bonheur. Sauvé ? Moi qui avais vu Flora fascinée par un autre, éprise d'un autre, à la merci d'un autre. Sauvé ? Moi qui avais vu Flora glissant ses doigts entre les lèvres et les cheveux de l'autre, avec la lenteur et le plaisir d'une femme abandonnée, aimée et aimant à l'être. Sauvé ? Moi, déjà malheureux depuis des mois puisque je ne la possédais pas et qui à présent n'en avais même plus l'espoir, et qui même pouvais maintenant l'imaginer possédée par un autre. Sauvé... ? Je titubai jusqu'à Philémon, je m'appuyai à son flanc, je posai la tête sur son cou et, immobile, le cœur aux lèvres, je vis sur le côté sa tête se tourner vers moi. Je voyais sans le voir le blanc nacré de son œil étonné et brillant ; et comme, je l'imagine, un marin qui se noie s'accroche à un radeau, je m'accrochai à lui, mon cheval, mon seul ami, je murmurai son nom d'une voix amoureuse et ridicule. Et lorsque, tirant sur sa bride, il appuya sur mon visage brûlant et convulsé le velours frais de ses naseaux, les larmes me jaillirent des yeux. Je me hissai sur ma selle péniblement, maladroitement, comme un vieillard, et je laissai ma bête repartir vers son box et moi vers ma chambre également déserts :

au petit pas, comme toute ma vie allait l'être puisque tout bonheur était mort.

Je ne le savais pas, mais je n'étais alors qu'au début de mes peines. Elles me parurent pourtant déjà bien dures. Je rentrai à l'étude avec une mine funèbre, et les félicitations et les compliments dont m'accablèrent mes clercs et mes serviteurs me semblèrent tout d'abord insensés avant que je ne comprisse que c'était au succès de ce procès et non à la ruine de mes sentiments qu'ils rendaient honneur. Nous bûmes du vin de champagne, je bus trop, fis le faraud et le jocrisse. Et le vin, la fatigue et le désespoir mêlés faillirent me faire rouler sous la table aux pieds de mes scribes. L'orgueil ou ma solide constitution m'en évitèrent la honte et je parvins sans tomber à gravir l'escalier jusqu'à ma chambre, avant de m'effondrer d'un coup sur mon lit, en travers, cloué sous mon baldaquin et mes portraits de famille par trente lieues à cheval, trois bouteilles de vin blanc et trente ans de solitude. Je dormis fort bien pendant vingt-quatre heures. A mon réveil, tout le monde connaissait la liaison de Flora et de Gildas.

CE que j'écris là et qui se passa entre les deux amants, je l'appris par Gildas, le dernier soir où je le vis. Son visage de jeune homme devenu subitement celui d'un homme mûr, désespéré et plus proche de sa fin que de son enfance m'apparaît encore. Le grand charme de Gildas, pour les hommes comme pour les femmes, semblait-il, avait été sa difficile rupture avec l'adolescence. Son corps vigoureux était élancé comme celui d'un jeune arbre, ses gestes souvent gauches malgré sa grâce innée — et inespérée chez ce produit de la glèbe de Saintonge —, et dans ses yeux brillait parfois une naïveté qui faisait ressortir, au lieu de l'étouffer, le feu vivant de son intelligence. Car Gildas Caussinade était un jeune homme intelligent. Je m'en rendis compte tout de suite malgré moi avec fureur et dépit, car il est honteux d'éprouver de la honte à n'avoir pu mépriser quelqu'un. Je n'ai jamais pu mépriser vraiment Gildas, bien qu'il m'en ait donné apparemment toutes les raisons. Je l'ai haï, je l'ai souhaité mort, je l'ai... Bah, autant le dire : je l'ai envié surtout. Je n'ai jamais autant envié quelqu'un que Gildas Caussinade, paysan et métayer, homme de main pour les gros travaux, et toléré dans les cuisines par ma gouvernante. J'ai envié cet homme alors que je n'ai jamais envié le plus grand avocat, ni le plus riche propriétaire, ni le plus grand poète, ni le prêtre le plus fervent, ni le père le plus comblé, ni l'enfant le plus chéri, ni rien, ni personne. Rien qu'à penser à lui, à elle, à leur réveil amoureux et surpris dans le lit de Margelasse, une sorte de lave immonde me recouvre, s'intercale entre mes yeux et ce papier. Si je pleurais, mes larmes seraient noires, ou d'un jaune infect, ou de ce mauve qu'ont certains bois quand on les coupe trop tôt et que leur sève répand une odeur nauséabonde.

Ils se réveillèrent surpris. Lui d'abord, de voir ces draps blancs et sa main brune posée dans cette blancheur comme un objet étranger, et elle, surprise de cette chaleur si près d'elle, de cette forme chaude qui la touchait encore et dont, dans son sommeil, elle ignorait encore que ce fût un corps. Il reconnut ces draps, ce lit, elle reconnut la source de cette chaleur, et ils tournèrent l'un vers l'autre des regards émerveillés et craintifs. « Je ne savais plus rien », me raconta Gildas. « J'avais peur qu'elle ne crie au viol, qu'elle ne me fasse jeter dehors et bâtonner, que j'aie rêvé tout cela ou qu'elle l'ait oublié. Je me sentais un sacrilège et à la fois je sentais encore à mon épaule l'exquise douleur qu'y avaient laissée ses dents quelques heures plus tôt. » Il ne me dit pas ce que pensait Flora mais je le devinai. Avec cette simplicité effrayante qu'ont les femmes et qui fait que parfois certains d'entre nous les prétendent sans âme, sans tête, ni conscience morale, elle avait pensé seulement que son rêve était vrai, que son amour était là, et que la blancheur des draps rendait encore plus séduisante la teinte cuivrée de son torse. Elle l'attira contre elle sans un mot, et se donna à lui avec la même facilité, la même ardeur qu'elle lui avait montrées la veille et toute la nuit. Cela, Gildas ne me le dit pas, bien sûr, mais il eut, en me disant seulement : « Heureusement, elle me reconnut aussitôt... » et en s'arrêtant là, une fugitive expression de bonheur parfait, et ses paupières se fermèrent sur un souvenir de félicité qui me transperça le cœur plus sûrement que s'il se fût livré à quelque description moins discrète.

Cette étreinte les mena jusqu'à midi. On frappa à la porte et les femmes de Flora commencèrent à s'inquiéter. Gildas voulut disparaître, se cacher, fuir, voulut éviter, lui dit-il fort honnêtement, de la compromettre. Il sauta du lit, et tout en s'habillant lui expliqua « qu'il comprenait fort bien qu'à l'avenir elle ne voulût plus de lui, qu'elle voulût oublier tout cela, qu'il s'arrangerait pour ne plus être sur son chemin et que chacun ignore ce qui avait été pour lui la plus belle nuit de sa vie. Il en garderait, disait-il, un souvenir aussi vivace, aussi profond que son silence ». Il eût continué de la sorte son héroïque et noble discours si Flora n'avait éclaté de rire et ne lui avait tendu les bras pour l'embrasser à nouveau, le recoiffer et arranger son col, le col de la seule chemise convenable qu'il eût dans sa garde-robe de pauvre et qu'il avait mise pour le bal, la veille. Et tandis qu'il parlait de la société, des convenances, de la réputation et des conséquences terribles qu'il voulait éviter à sa maîtresse, elle lui parlait de batiste, de coupe de chemise et des achats qu'elle allait faire pour lui dès qu'elle irait à Paris. Le désaccord de leurs discours finit par les frapper tous deux et ils s'arrêtèrent, se regardèrent et se virent enfin dans toute la beauté et l'horreur de la situation. Gildas se tut. Il resta immobile à regarder ses mains, « sans rien voir », me dit-il, prêt à partir, prêt à se tuer, prêt à rester aussi. Il lui sembla qu'un siècle s'écoulait avant que la voix de Flora ne lui parvînt aux oreilles et qu'il comprît ce qu'elle lui disait fort sérieusement, et qui était qu'elle l'aimait. Qu'elle n'y voyait nulle honte mais du bonheur, qu'il n'était pas plus question pour elle de le cacher que de s'en priver à l'instant que ce bonheur était partagé. Gildas se crut devenu fou. Mais il ne songea pas un seul instant à la croire folle elle-même. Il y avait en Flora quelque chose de si raisonnable, de si loyal, de si gracieusement équilibré, que le terme de folie jurait avec toute sa personne.

« Mais... vous ne pouvez pas..., balbutia-t-il, vous ne pouvez pas... »

Elle l'interrompit, cria à sa femme de chambre d'entrer et de porter pour eux deux une collation matinale. « J'étais comme un objet », me dit encore Gildas en terminant son récit. « Je ne voyais, je n'écoutais, je ne croyais qu'elle : je me serais pendu si elle me l'avait demandé, comme je l'eusse aimée sur la grande place d'Armes, ou dans son buggy aussi bien, devant tout Angoulême. »

Ce fut d'ailleurs à peu près ce qu'elle lui demanda ; non pas de se pendre, bien sûr, ni de lui prodiguer son amour en public, mais elle le promena dans ce même buggy tiré par son trotteur noir, l'infidèle Hellio, tout l'après-midi ; et cela dans toutes les rues, toutes les ruelles et toutes les places de la ville. Elle s'arrêta devant chaque magasin, fit chaque achat à son bras et salua chaque rencontre en tenant ce bras de l'air fier et soumis, inimitable, qu'a toute femme amoureuse marchant près de celui qu'elle aime et qui la comble. Gildas avançait dans un rêve, saluait, s'inclinait, attachait le cheval, ouvrait les portes, remontait sur le cab, l'aidait à s'y asseoir, repartait, lui souriait, lui répondait, sans comprendre un traître mot de ce qu'elle pouvait lui dire (et que, d'ailleurs — elle le lui avoua par la suite — elle ne comprenait pas non plus). Le regard d'Angoulême, de ses habitants, qui avait d'abord reflété la surprise au début de l'après-midi, puis la stupeur, puis la fureur, puis enfin les plaisirs du scandale, reflétait la haine la plus pure lorsque, enfin, Flora décida de retourner à Margelasse. Ils y dînèrent du meilleur appétit, sans parler de rien (en tout cas, sans parler de leur après-midi). Puis, sous les yeux scandalisés et consternés de la domesticité, ils montèrent se coucher de fort bonne heure, pour y veiller toute leur seconde nuit d'amour. Depuis lors, depuis deux jours, on ne les avait pas revus en ville — où pourtant, l'on ne parlait que d'eux.

Les cinquante récits que je dus subir de leur promenade en ville, de cette exhibition honteuse, reflétaient la saine colère, la rancune de toute société morale lorsqu'on manque à ses lois. On en voulait d'ailleurs plus à Flora d'aimer Gildas en plein air que de l'aimer tout court. On eût supporté peut-être qu'elle se débauchât avec lui, qu'elle le prît dans sa chambre, mais pas qu'elle se promenât placidement à son bras. Et moi qui aurais tant aimé partager la révolte et la rage de notre ville, je ne pouvais, par esprit de justice imbécile et malgré tous mes ressentiments, je ne pouvais mépriser ce que je jugeais le courage, la race et la loyauté de Flora. Je l'admirais ; je la haïssais, bien sûr, mais je l'admirais. En revanche, je souriais des autres, les témoins, les juges, les bravaches, tous ceux qui ne voulaient pas se battre avec Gildas, par mépris de ce paysan indigne de leurs épées, disaient-ils, mais plutôt par crainte de se colleter avec lui à main nue, et d'en être bien rossés. Bref, je méprisais tous ceux-là que je voyais prêts à insulter Flora plutôt qu'à la venger de son bonheur.

Pour moi, je ne savais que faire. Le travail m'était odieux, l'inaction me tuait, le chagrin me rendait fou. Je montais à cheval sans cesse, toujours au galop, toujours dans la direction opposée à Margelasse. Cela me sembla durer des mois, cela en fait ne dura que trois jours. Trois jours au bout desquels, enfin, la lettre de Flora m'arriva à mon étude. Il était cinq heures du soir, et sa lettre ne contenait que ces quatre mots : « Venez, j'ai besoin de vous. Flora. » J'y allai, j'y volai, et ce fut pour trouver dans le vestibule

Flora et Gildas habillés pour le voyage, leurs bagages déjà portés sur la voiture, pâles et beaux, embellis en tout cas d'un bonheur insoutenable à mes yeux. Ils partaient sur-le-champ pour Paris. Flora me prit les mains, leva vers moi ses beaux yeux tendres. J'y plongeai mon regard avec sans doute un désespoir trop clair puisqu'il la fit ciller un instant et altéra sa voix.

« Adieu, cher Lomont..., dit-elle. Je ne vous oublierai jamais. Et si j'ai tant de mal à partir, ce n'est qu'à cause de vous. Adieu, mon ami, adieu... »

Je ne répondis rien, saluai distraitement Gildas et partis à reculons. La nuit était tombée déjà. L'automne était là déjà, et l'hiver allait être long et triste à Angoulême, la froide Angoulême où sans doute Flora ne reviendrait jamais plus.

DEUX ans passèrent. Les jours se suivaient et ne se ressemblaient pas puisque je m'ennuyais. Contrairement au dicton, quand il ne se passe rien dans une existence, les journées sont toutes distinctes et diffèrent les unes des autres par le jeu de nos humeurs, de nos mélancolies ou de nos insouciances. Il n'y a que dans le bonheur que les jours se ressemblent. Je le sais bien, puisque les seules aubes, les seuls soirs que je puisse maintenant encore distinguer sont ceux de cette heureuse, cette malheureuse quinzaine verte et jaune dont j'ai parlé plus haut, celle de ce somptueux été où j'eus la faiblesse, la bêtise, et l'intelligence après tout, de me sentir heureux, profondément heureux près de Flora. Ces quinze jours-là, je serais incapable d'en établir la chronologie et d'y répertorier et d'y dater les mille détails, les mille images qui parfois, quand je m'endors, viennent encore glisser sous mes paupières de vieil homme. Il fait noir dans ma chambre. La chandelle que je garde allumée la nuit — dont je préfère toujours la lumière à celle du gaz —, cette chandelle qui prouve, elle aussi, que je suis un vieil homme, un homme d'autrefois, fume, empeste ma chambre et en rend tragiques les contours bourgeois et cossus. Je respire difficilement l'air froid que les braises de la cheminée ne parviennent pas à tiédir. Mon corps devenu sans chair, sans forces, mon corps devenu froid, exsangue et blanc, dont les poils sont gris et la peau sèche, mon corps grelotte malgré moi, malgré les édredons dont me surcouvre ma gouvernante. Chaque soir, et bien que l'acajou de la commode, le mercure des glaces et le cuivre des bougeoirs étincellent par-ci par-là, au gré du vacillement de la flamme, chaque soir, je me sens pauvre, ruiné, malade, au bord de la mort et au fond de la solitude. Cette chambre devient un hospice, ce lit un grabat et ces draps, un suaire. Je serre des dents qui ne déchirent plus que des viandes blanches et des légumes, et je ferme mes paupières sur des iris éteints et, même en plein jour, couverts d'une très légère taie, une ombre qui me rend myope ou presbyte — selon les disciples d'Hippocrate — qui me rend en tout cas aveugle au soleil et aveugle à la nuit, craintif du crépuscule, égaré dès l'aube. Et là, ces paupières rabattues sur un regard éteint, je vois se lever et se glisser quand même, entre eux, les ciels d'un bleu si bleu, les feuilles d'un roux si roux, cette campagne d'une beauté si belle, ces amis d'une gaieté si gaie. Et moi, je cède, je bascule en arrière, je tombe, je me laisse choir hors de ce corps épuisé et solitaire, je me laisse tourbillonner, glisser, je me laisse rouler avec les vagues, avec le vent, avec tous les soleils, je me laisse couler dans le passé. Ce passé-là, ces quinze jours-là, nuls autres.

Flora, à cheval devant moi, se retourne, me sourit, m'attend, puisque mon cheval boite. Flora regarde d'Orty qui profère quelque niaiserie. Flora me regarde, Flora a envie de rire et rit malgré elle de me voir rouge de la même envie. Flora est en colère contre moi car j'ai cravaché mon cheval qui dérobait. Flora me traite de brute, Flora me pardonne, Flora se penche vers moi pour que je lui pardonne d'avoir à me pardonner. Flora pose sa main gantée sur le pommeau de ma selle, près de ma propre main nue, ma main d'homme de loi, forte et faite pour la prendre ; ma main qui ne sait pas encore qu'elle ne la trouvera jamais sous elle ; ma main qui croit, encore, qu'elle aura un jour ce corps à parcourir, que ce corps sera mien ; ma main qui se voit déjà descendre de cette épaule jusqu'à ce genou, ma main qui se voit si habile et si fière, si attendue et si désirée, ma main fière d'elle avant moi, ma main folle et désobéissant à ma tête... à mes yeux surtout qui, eux, voient bien, sous le gant de suédine, une autre main tranquille et qui ne tremble pas sur les rênes, ni sur le pommeau de ma selle, et qui est celle de Flora. Etait-ce un jour où Flora était si fâchée, mon cheval si furieux et moi si brutal, puis si repentant et si troublé ? Etait-ce au début ou à la fin de ces quinze jours ? Cette anecdote fut-elle à la naissance ou au terme de ma grande histoire, de ma seule histoire d'amour, de mon roman à moi, de ma passion à moi, la sublime et sensuelle passion de Nicolas Lomont, qui atteignit son faîte après quinze jours de promenades et de pique-niques, près d'une femme qu'il ne toucha pas, sinon par mégarde ?

Je me réveille alors, je rouvre les yeux sur le présent et, étonné, soulagé de ce que la chandelle brûle encore, de ce que je sois vivant, je reste un bon instant, une bonne minute avant que mon cœur se calme, avant de songer à être malheureux de vivre, d'être vivant, justement, et que Flora ne le soit plus. Et je suis malheureux un long instant, encore, avant de me réjouir confusément, malgré moi, d'avoir chaud dans mon lit, de respirer tranquillement et de sentir mon sang si rosâtre, si pauvre, battre au bout de mes doigts. Et je suis heureux un instant de plus, encore, avant de soudain avoir peur de mourir, avant d'être sûr de mourir, avant que l'idée de ma mort prochaine, de cet inconnu où l'on va me jeter, cette terre infâme, ce cercueil, de chêne ou de sapin — qu'importe la richesse en cet instant !... Et cette solitude pire, et aveugle, et noire où l'on va m'abandonner en toute bonne conscience, où l'on va laisser mon pauvre corps livré aux bêtes et aux herbes folles pendant que mon esprit, lui, peut être projeté Dieu sait où dans le noir des étoiles, hurlant de peur dans une solitude incompréhensible et définitive, mon esprit épouvanté cherchant quelqu'un, quelque chose et ne voyant rien, ne sentant rien, ne sachant rien sinon qu'il existe et qu'il est perdu pour toujours, et pour toujours condamné à cette horreur anonyme, mon esprit...

Alors je me dresse sur mon lit, je tire le cordon, j'appelle mes gens : ces vieilles femmes que sont devenues les jeunes chambrières d'antan... se lèvent. La vieille, très vieille impotente, qu'est devenue ma gouvernante, accourt en se lamentant, en s'effrayant. Toutes se pressent à ma porte, laides, grises, effarées, vieilles, comme je le suis moi-même. Elles me regardent avec pitié, crainte et un obscur soulagement. Flora... Flora... Mais où est donc passée Flora ?... Peut-être elle aussi rôde-t-elle en hurlant dans le noir ? Peut-être même me regarde-t-elle moi-même, moi, le malheureux, le brave, le pauvre Lomont... ? Peut-être enfin a-t-elle besoin de moi... ?

IL faut que j'arrête ce récit. J'avais décidé d'arrêter dès la fin, ou plutôt le début de cette idylle entre Flora et Gildas, et qu'une fois partis pour Paris, et moi resté penaud et benêt, comme d'habitude, à les regarder partir, je poserais là ma plume et je cacherais ce cahier là où j'ai prévu qu'il demeurerait à jamais caché. Mais je n'ai pas pu. A peine avais-je mis le point après : « L'hiver allait être long et triste à Angoulême, la froide Angoulême, où sans doute Flora ne reviendrait jamais plus », ma main d'elle-même, au lieu de mettre les trois lettres du mot « Fin » et de poser la date, de signer, de cacher tout cela, et d'aller retrouver une plume et des actes notariés qui lui conviendraient mieux, ma main a remonté vers la gauche et continué sans mon accord : « Deux ans passèrent. Les jours ne se ressemblaient pas... » Comme si je n'eusse pas décidé d'arrêter cette main ou comme si elle-même m'eût été rebelle... Oh, et puis à quoi bon mentir ?... Qu'importe ! Si c'est pour moi une occasion dernière de me mentir ou de me torturer, ou de me faire plaisir, il n'empêche que ce cahier m'est devenu indispensable et que la suite de cette histoire, si je ne l'écrivais pas, me tuerait en trois mois. Car c'est cette suite qui m'a vengé, mais qui m'a perdu. Car je n'ai raconté jusqu'ici que le bonheur de Flora et mon malheur à moi. Et si je ne peux pas raconter à présent mon bonheur qui n'eut pas lieu, je peux du moins raconter le malheur de Flora qui fut féroce et qui, bien qu'il me ravage de pitié et de chagrin pour elle, ne laisse pas par instants, dans ma méchanceté sénile de vieil homme, ne laisse pas de panser en moi quelque plaie douteuse, gangrenée, et que je ne peux nommer malgré moi par son nom. Qui est assez bas pour se réjouir du désespoir de quelqu'un qu'il aime ? Mais qui est assez haut pour se réjouir du bonheur de la même personne avec un autre ? D'ailleurs, haut, bas, bien ou mal, honte ou bonheur, qu'importe... Tout cela est fini, et mal fini. Et au lieu de ratiociner dans la nuit comme une vieille femme, je vais raconter précisément et vite, pourquoi et comment.

Il y eut deux ans de silence, mais un silence rompu sans cesse par des nouvelles mirifiques venues de Paris et qui, l'une après l'autre, représentaient autant de marches dans l'escalier qui menait Gildas à la gloire. Je ne pourrais les résumer plus sobrement que par ces quelques extraits du *Journal des Débats* parus le 3 janvier, le 11 septembre et le 10 novembre 1834 et le 30 du même mois, et enfin le 1er février 1835, et que je cite ici dans l'ordre :

« 3 janvier 1834

« Le public du Gymnase a fait hier une ovation à *la Flèche de Soie*, drame en vers de Monsieur Gildas Caussinade. »

« 11 septembre 1834

« Le recueil de poésie *les Allées de la Mélancolie*, de Gildas Caussinade, a reçu ce matin le grand prix de l'Académie française. »

« 10 novembre 1834

« Notre beau et jeune poète, acclamé par ses admirateurs parmi lesquels, bien entendu, la ravissante comtesse de Margelasse, a été félicité par le souverain lui-même au cours de la réception... »

« 30 novembre 1834

« Monsieur Gildas Caussinade a été, de par la grâce de Sa Majesté, fait chevalier de Caussinade. »

Et enfin, le 1er juillet 1835 :

« Le chevalier Gildas de Caussinade a quitté Paris pour se rendre en Orient d'où, nous l'espérons, il nous rapportera un de ses chefs-d'œuvre. Notre jeune et glorieux poète s'arrêtera sans doute dans son domaine de Forchent, mais il résidera probablement dans le château de la comtesse de Margelasse... »

Je cite *le Journal des Débats*, journal libéral mais respectable, un des seuls que l'on puisse acheter à Angoulême et déployer sans honte dans les lieux publics. Et d'ailleurs le seul que je lusse en général. Ce n'est que par hasard que j'appris, de temps en temps, par des feuilles de chou moins décentes, l'éclat de la liaison de Flora et Gildas. Leur passion, d'abord moquée, vitupérée et livrée à l'ironie des esprits jaloux de la capitale, leur passion peu à peu, à mesure que le succès, les honneurs et les titres se multipliaient sur la tête de Gildas, s'était transformée en un amour estimable, inentamable, et dont la profondeur, l'évidence décourageaient les échotiers friands de drames et tasteurs de larmes comme d'autres de Médoc.

J'étais donc assis avec d'Orty à la terrasse de notre café favori sur la place d'Armes de la ville, où nous attendions qu'il fût l'heure de déjeuner pour traverser la place et monter chez notre préfet et sa belle Artémise. La conversation de d'Orty était, je l'ai déjà dit je crois quelque part, tout sauf distrayante. Aussi sous prétexte de vérifier la Bourse, demandai-je *le Journal des Débats* au garçon et le déployai-je à bout de bras devant notre table. C'étaient les premiers jours de l'été et les hirondelles rasaient les pavés de la place, signe de pluie, ce qui n'altérait pas notre bonne humeur. Bien que nous fussions de chasse le lendemain, nous avions bu, je crois, quelques xérès de trop; l'on s'ennuyait ferme à Angoulême quand on n'y travaillait pas du matin au soir. Or nous étions samedi. Tous les deux des lève-tôt, Notre désœuvrement nous avait conduits trop tôt au Café d'Aquitaine et nous avait fait absorber un peu trop de ce vin d'Espagne. Je contemplais d'un œil embué les articles placés sous mes yeux et qui relataient quelque carnage sanglant en Pologne, quelques-unes de ces horreurs comme ne cesse d'en perpétrer la folie des hommes en Europe et ailleurs. Ce fut d'Orty qui vit le premier la seule catastrophe nous concernant directement.

« Tiens, tiens... », s'exclama-t-il avec ce bon rire nasal qui avait fait fureur chez les femmes, disait-il, à Paris, quand il avait vingt ans et qui, maintenant qu'il en avait trente-cinq, provoquait également la fureur, mais chez les hommes tellement ce rire éclatait de vanité et de niaiserie intimement mêlées. Il est des gens, ainsi, dont on supporte toute la vie les tares et les défauts capitaux avec une patience inimaginable, que l'on n'aurait pour aucun membre de sa famille, aucun être aimé d'amour ou d'amitié, et qui semble pourtant aller de soi et être irrécusable. Je ne me précipitai donc pas sur la colonne du *Journal des Débats* responsable de ce « Tiens, tiens ». Je mis bien dix minutes pour y jeter un coup d'œil désappointé d'avance, et restai confondu : « ... Notre jeune et glorieux poète s'arrêtera dans son pays natal où il se reposera sans doute dans le château de la comtesse de Margelasse. » Mon verre sembla fondre entre mes doigts et éclata par terre, éclaboussant d'une tache sombre le pantalon de nankin blanc du malheureux d'Orty qui se leva en jurant comme un païen. La valetaille convoquée, l'eau chaude et l'ammoniaque prodiguées à son vêtement, les exclamations et les excuses, sa colère ridicule, tout cela me permit de reprendre mes esprits et de donner comme origine à mon trouble la culpabilité du maladroit. Les hirondelles avaient retrouvé leur optimisme quand nous traversâmes la place et elles fendaient l'air avec des cris perçants et joyeux. Leurs ombres filaient sur les murs et sur les pavés. Mais ces cris et ces trajectoires me semblaient autant de présages affolants. C'étaient des cris de douleur qu'elles poussaient et c'étaient des ombres de rapaces qui sillonnaient le ciel.

Tout cela, après un déjeuner copieux et délicieux, comme savait néanmoins, à travers tous ses défauts, en faire préparer Artémise, tout cela me parut bien exagéré. J'étais redevenu un homme sain, gros mangeur, bon buveur et profond dormeur, et la moindre insatisfaction dans ces domaines me communiquait chaque fois une angoisse quasi métaphysique, des pressentiments qu'une aile de poulet matait aussitôt. Il en fut ce jour-là comme d'habitude et je me rappelle que c'est d'un ton plaisant, et sans m'y forcer le moins du monde, que j'annonçai à notre hôtesse, pour une fois moins renseignée que moi, l'arrivée de nos célèbres amants. Elle poussa des cris d'orfraie, des cris de stupeur, de plaisir et de vague indignation, des « Oh » et des « Ah », des « Ce n'est pas vrai ! Non, ce n'est pas possible ! », des « Mais enfin, c'est extravagant ! », des « Comment peut-on ? », des « Mais, à quoi pensent-ils ? », bref, autant de questions dont le nombre, la véhémence et le vague restaient également sans réponse. Ce fut son époux qui s'agaça le premier.

« Je ne vois rien là de surprenant, ma bonne amie », dit-il. (Ce « bonne amie » qu'elle détestait entendre prouvait son agacement et elle s'arrêta un instant.) « Je ne vois rien d'étonnant à ce que Monsieur le chevalier de Caussinade, dit-il avec emphase et ironie à tout hasard, revienne voir ses vertueux parents. Ni à ce que la comtesse de Margelasse vienne revoir le château de ses aïeux... Vraiment, je ne vois pas ce qui vous surprend. Et vous, Lomont ? Et vous, d'Orty ?

— Mais moi non plus, s'écria d'Orty après une bonne minute de réflexion (qui se traduisait par des sourcils froncés, une lèvre pendante et une sottise plus affligeante que d'habitude, tant il était visible qu'il ne réfléchissait à rien). Non, je ne vois pas non plus, chère Artémise... Après tout... Après tout, ils sont chez eux... acheva-t-il platement. Enfin, elle est chez elle... et lui, chez lui... chez ses parents. Enfin, elle est chez elle à Margelasse et lui est chez elle, alors ?...

— Et vous, Nicolas, cela ne vous choque pas ?

— Mon Dieu, Madame, dis-je d'une voix que je voulais froide, mon Dieu, Madame, ni l'un ni l'autre ne sont adultères, que je sache. Monsieur de Caussinade est une de nos gloires et sa fréquentation n'a plus rien de honteux dès l'instant que Sa Majesté elle-même la pratique aux Tuileries. »

Artémise me jeta un curieux regard où je crus lire un mélange de dépit, de curiosité et, si elle en eût été capable, de compassion.

« Eh bien, Messieurs, puisque vous êtes si conciliants et tolérants, dit-elle en haussant les épaules et en levant son verre d'un geste mutin que ne supportaient plus ni son cou trop maigre ni son nez trop long, buvons à nos glorieux amants. En tout cas, conclut-elle en vidant d'un geste théâtral, et qui lui heurta le nez, sa flûte de champagne, en tout cas, ce n'est pas moi qui la recevrai la première dans mon salon.

— Bien sûr que non, dit Honoré avec une finesse inattendue, mais vous serez la première à regagner le sien dès qu'elle vous y aura invitée. A quelle heure partons-nous à la chasse demain, Messieurs ? Savez-vous, Lomont, qu'on m'a signalé un sanglier... », etc.

Si je semble m'attarder et me perdre dans des détails oiseux avant d'en arriver au vif du sujet, plus précisément aux deux personnages vifs de cette histoire, vraiment vivants dans la mesure où ils étaient les seuls à s'aimer, à se le dire et à se le prouver tous les jours, c'est que je crains d'avoir laissé oublier, depuis le début de ce récit, ce qui en fait à la fois le décor et le principal acteur : la paisible ville d'Angoulême. Ce qui va suivre, et qui se passe dans le sang, les pleurs, les caresses, les coups et les cris, tout ce qui est noir et rouge et qui va teinter de ce pourpre inquiétant aussi bien les ciels bleu pâle de cet été que les maisons dorées et le vert glauque et pur à la fois des rivières, tout ce drame abominable et meurtrier, tout ce saccage du destin aura eu pour cadre une petite ville de province, sise dans un paysage aux lignes douces et arrondies, un paysage à la Ronsard et une ville à la Carpaccio, avec ses platanes, ses pigeons, ses petits balcons de fer, ses ruelles, ses habitants assoupis dans leur hébétude, leurs bonnes mœurs et leurs secrets bien gardés sur peu de chose. Si je relate ici, comme en évidence, la niaiserie insipide de l'un, la bonasserie sournoise de l'autre et la méchanceté candide de la troisième, et leurs propos insignifiants, et la crampe de mon estomac, et le changement d'humeur des hirondelles, c'est pour suggérer au lecteur, que dis-je... ? c'est pour m'expliquer à moi-même, seul lecteur de ma seule œuvre, l'impossibilité et à la fois le motif qui emmurèrent cette année-là, dans Angoulême, tous les protagonistes de cette histoire. Je veux dire par là que peut-être, à Paris, cela ne se fût pas passé du tout, ou se fût passé autrement. Je veux dire que sans ces secrets, ces obligations de secrets, sans ces consignes de pudeur, de respectabilité et sans ces perpétuelles quêtes d'honorabilité qui constituent l'âme et la force de toutes nos provinces, il n'y aurait peut-être pas eu mort d'homme ; il n'y aurait peut-être pas eu tous ces dégâts et toutes ces ruines encore fumantes, non seulement dans ma mémoire mais dans celle de quelques témoins demeurés là. A Paris, ville dissipée, le drame se fût peut-être déroulé autrement, se fût peut-être perdu, envasé dans les cloaques et les mille égouts de la capitale. L'air est trop pur, ici, l'eau et le ciel trop clairs. Les yeux des gens, s'ils sont troublés par quelque passion, y détonnent aussitôt ; et si cette passion devient ostentatoire, ils deviennent eux-mêmes comme étrangers à la nature.

Je rentrai chez moi après déjeuner, en riant un peu amèrement quand même de ma surprise et de ce verre cassé. J'étais resté bien sensible, quoi que j'en eusse dit, à cette pauvre Flora de Margelasse, à présent maîtresse de son chevalier-paysan. J'avais pourtant oublié depuis longtemps son existence et le poids qu'elle avait eu dans ma vie. Il ne m'avait fallu qu'un an pour ne plus penser à elle que par hasard, et même si les hasards étaient nombreux, j'en étais délivré. Je n'aimais plus Flora et c'était bien dommage pour un homme aussi peu sentimental que je l'étais. Mais du moins aurais-je aimé une fois dans ma vie avec quelque ferveur, même si cette ferveur était imméritée. J'étais libre depuis deux ans, j'étais libéré de Flora, de cet amour et de son souvenir. Et quand, ayant reçu le lendemain un mot affectueux qui demandait à me voir, je partis au petit trot sur mon bon vieux chemin de Margelasse, je riais en me rappelant mes chevauchées d'antan et ce cœur déchiré que le galop de mon cheval ballottait contre mes côtes. J'en riais encore en montant le perron et en saluant une nouvelle chambrière au visage froid et visiblement amenée de Paris, et qui, sans me jeter un regard ni s'enquérir de mon nom, me fit entrer dans le salon bleu. Une fois là, je ris encore en me rappelant y avoir été si cruellement blessé, si jaloux et si furieux un autre jour d'été, des siècles plus tôt.

Ce fut mon dernier rire car Flora entra presque aussitôt. Et quand je repartis pour Angoulême, j'étais foudroyé, je tenais à peine sur mon cheval, j'étais encore, j'étais pour toujours amoureux fou de cette femme. Et les hirondelles et leurs cris d'aveugle n'avaient tenté que de me prévenir...

JE me rappelle avoir écrit ces derniers mots, hier soir, dans une sorte de spasme haineux et sec de ma mémoire qui tentait de me rendre les images de cette journée catastrophique, mais en vain (car comment nommer autrement que catastrophiques les sentiments qui assaillent un homme qui a aimé en vain, souffert en vain dans son orgueil et dans son corps, un homme qui a cru morts et enterrés les aveugles chiens de meute, les pitoyables et féroces Dingos de sa passion, et qui les revoit brusquement en travers de son chemin, haletants, affamés, les orbites définitivement creuses, la cornée blanche, les crocs relevés dans un rictus de chasse ?). Cela dit, je ne me rappelle pas un mot de Flora, ni un geste d'elle ce jour-là ; la consigne à bagages qu'est notre mémoire refuserait-elle, après un certain laps de temps, de restituer certains souvenirs supposés dangereux et repoussés par notre instinct de survie ? Je n'en sais rien. Je me souviens seulement d'une trouée pâle, un accroc bleu dans le drap gris du ciel, un détail ridicule : le crissement insupportable de ma selle dès que nous trottions. Je me souviens de projets dérisoires, inopportuns, tels que « tancer le garçon d'écurie dès mon retour », ou « changer de sellier », qui se croisaient avec cette énorme évidence affichée dans mon esprit, rendant ridicule à moi-même mon propre discours : « Que vais-je faire ? Je l'aime encore... Que faire ? Que faire... ? Il doit bien y avoir une cire qui supprime ce bruit de cuir. Fuir, bien sûr, fuir, mais où ? Flora serait partout. Et puis comment fuir avec ce bruit odieux dans mes oreilles... ? » etc. Comme si je n'eusse eu aucune autre selle et eusse, en revanche, disposé de deux métiers et de deux destins.

Comme prévu par notre préfet, Flora annonça, à peine arrivée, une grande soirée à Margelasse, un grand bal où furent conviés tout Angoulême et tous ses environs. Soirée où, bien entendu, se trouverait l'amant de la maîtresse de maison. La situation restait donc la même apparemment, sinon qu'il n'était plus possible, si on l'insultait, de refuser réparation à Gildas de Caussinade ; c'eût été récuser le pouvoir royal. Notre préfet n'était pas assez révolutionnaire ou d'ancienne aristocratie pour s'y risquer lui-même, ni pour en couvrir le coupable, en admettant que quelqu'un s'y risquât. Car ce n'était pas seulement un nouveau chevalier mais un nouvel homme que tous ces bretteurs éventuels auraient à provoquer. Gildas n'était plus le viril mais fin jeune homme que nous connaissions « *Fier et même un peu farouche, — charmant, jeune, traînant tous les cœurs après soi* », dont la description racinienne avait accablé nos études. C'était un homme de plus de vingt-cinq ans, toujours mince de corps et large d'épaules, mais son visage avait rejoint son corps : il ne s'était pas durci, mais affirmé. Son regard gardait la confiance mais plus l'ingénuité ; son enthousiasme était devenu de l'entrain, et son respect pour nous, un mélange de courtoisie naturelle et de manières apprises. Enfin c'était un fort bel homme et digne d'être distingué que Flora recevait comme un hôte, ce soir-là. Mais à qui elle devait tout, très évidemment, de sa nouvelle et émouvante, de sa presque douloureuse beauté : tout en elle, au contraire de lui, s'était affiné, fragilisé, tout en elle était suspendu à son amour, cet amour bien réel, bien vivant : ce bel homme brun qui riait là-bas avec la coquette et comique Artémise. Et moi qui lui parlais à l'instant de ce rire, je me rappelle avoir cru voir, sous une peau devenue diaphane et irréelle de transparence, avoir cru voir couler un sang rouge clair dont la volupté, grâce à Gildas, avait en même temps gonflé sa lèvre inférieure, accéléré aux tempes et à la gorge le cours de ce sang et l'avait comme retiré des yeux : le blanc de l'œil de Flora était presque bleu de blancheur. Elle posait sur chacun, et sur moi-même, hélas, un de ces regards si purs que seule la pratique incessante de la volupté peut procurer à une femme. Elle était belle à s'agenouiller devant elle tout comme à la renverser sous soi. Elle portait sur tout le corps cet éclat de la chair triomphante qui faisait parfois reculer, ou parfois au contraire avancer vers elle, les hommes de ce bal sans qu'ils s'en aperçoivent eux-mêmes.

« Ils ont l'air heureux à vous en faire de la peine, résuma sobrement le préfet quand nous repartîmes à l'aube dans mon cab, un de leurs chevaux étant tombé boiteux sur la route.

— Heureux ? Vous plaisantez..., commença Artémise, mais Honoré d'Aubec, pour une fois, ne céda pas son droit à la parole.

— Ils sont fort beaux à voir, dit-il presque durement, comme pour clore là toute discussion. Et après un silence, il me demanda :

— Dites-moi, Lomont, connaissiez-vous

la fille qui servait la citronnelle au buffet ?

— Oui, dis-je, c'est elle qui m'a ouvert la porte l'autre jour. On l'appelle Marthe. Elle vient de Paris, j'imagine.

— Ah, vous croyez ? reprit-il d'un air préoccupé, vous croyez ? Il me semblait la connaître. »

Je restai gêné un instant par sa question, non que nous n'eussions pas l'habitude, entre hommes de la même province, de nous partager et de conter nos exploits auprès des mêmes filles d'auberge, mais les évoquer devant sa propre femme me semblait d'un mauvais goût parfait.

« C'est une conversation passionnante, mon cher... », commença d'ailleurs Artémise, avec raison pour une fois, mais avec la même malchance car, sans l'écouter, il enchaîna :

« Comment la trouvez-vous, Lomont ? »

Je restai pantois une fois de plus avant de me rappeler la sorte de contredanse que certains de ces messieurs avaient dansé autour du buffet toute la soirée, tandis que les autres invités plus délicats, dont moi-même, se consacraient à Flora et à ses charmes. Je revis d'un coup le corps mince mais vigoureux, dru, de cette chambrière, sa lourde chevelure d'un noir de jais serrée en arrière, ses yeux gris de chat, sa bouche amère et provocante. C'était une belle garce, effectivement, et je le confirmai à Honoré dans la pénombre du cab, par un clin d'œil discret et masculin, mais il ne me le rendit pas, soudain préoccupé de ses vignobles dont il se mit à se plaindre au grand ennui d'Artémise.

J'aurais oublié aussitôt cet incident si le lendemain, les invités mâles de cette soirée, tout en se récriant d'admiration devant la grande beauté, l'éclat et le bonheur de Flora — trois éloges qui m'accablaient tous au demeurant — n'avaient ensuite, par un biais ou par un autre, ramené la conversation à cette créature. Je m'aperçus avec amusement qu'elle avait eu sur son terrain autant de succès que sa maîtresse. Il faut dire que l'homme normal et sain s'extasie plus facilement sur ce qui lui paraît à sa portée que sur ce qui lui est définitivement inaccessible. Or Marthe semblait libre, Flora n'était plus qu'à Gildas. Ils ne pouvaient savoir, pas plus que moi, que si la chambrière était libre, elle était plus définitivement et plus furieusement inaccessible, même s'ils la possédaient, que ne le serait jamais Flora de Margelasse.

L'ETE de 1835 dans les Charentes fut un des plus délicieux de mémoire humaine, même si je le passai à souffrir comme un forcené. Des jeunes gens doués pour les arts, des musiciens, des hommes de lettres, des hommes du monde, de gais cavaliers et de jolies femmes descendirent de Paris et y remontèrent vingt fois pour passer quelques jours à Margelasse auprès de Flora et de son poète. Nous, les provinciaux, les bienveillants et incultes campagnards, étions néanmoins conviés chaque fois à profiter de ces délices de l'esprit, de cette conversation brillante et de ces reparties spirituelles. J'ai honte de ce que j'écris à l'instant. Je suis amer et injuste. Les amis de Gildas et de Flora étaient effectivement des Parisiens et comme tels plus légers et plus insouciants ou plus appliqués à le paraître que nous ne l'étions. Mais en les voyant gais, affectueux et enthousiastes de toutes les beautés aquitaines, il eût fallu avoir toute la triste austérité, toute la farouche bigoterie de nos dames de sacristie pour voir chez eux le moindre reflet d'une vie dépravée. Il arrivait que, d'une semaine à l'autre, le même ne revînt pas avec la même, mais cela se faisait sans éclats et sans commentaires, nul d'entre eux n'affichant plus sa liaison présente que la rupture de la précédente. Au sein de cette gaieté et de cette facilité à vivre, et à vivre heureux, semblait-il, Gildas et Flora étaient comme l'allégorie du bonheur. Non seulement pour nous, non seulement pour moi qui m'enivrais du désespoir de cette certitude, mais aussi pour leurs compagnons de Paris que leur liaison visiblement enchantait sans détour par sa réussite et sa constance.

Deux mois passèrent ainsi où je ne sortais de mon étude, surchargé de travail — mon efficacité dans ma charge n'égalant que ma frivolité dans ma vie privée — que pour festoyer jusqu'à l'aube à Margelasse, chez d'Aubec, d'Orty ou ailleurs. Je dormais peu, je promenais sur les prés ensoleillés ou sur les aubes pâles l'œil rond et fixe des hiboux et des gens malheureux. Je ne voyais rien. La vie était composée de quelques visages, celui de Flora, celui de Gildas réunis par un lien incassable, celui de mon premier clerc dont la laideur me réconfortait curieusement, et celui que me renvoyait mon miroir de temps à autre, quand j'avais le courage et le temps d'y jeter les yeux. Il n'y a qu'un incident dont je puisse faire mention avant le coup de foudre qui suspendit le temps et arrêta les années à la fin du mois d'août.

Un soir, après dîner, un dîner intime à Margelasse où nous n'étions que dix et où Marthe venait de nous verser cette fameuse citronnelle qu'on ne buvait qu'à Margelasse, et pour laquelle d'Orty, je crois, la complimentait sans fin, Flora s'était écriée :

« Marthe a mille recettes, ainsi, qu'elle tient de sa famille. Des recettes étranges et inconnues en France. C'est que son père est italien et sa mère hongroise », dit-elle en souriant avec affection vers sa chambrière qui détendit un peu son visage obstinément sévère pour répondre :

« Non, Madame, c'est le contraire », avant de s'incliner et de disparaître derrière la porte.

« C'est vrai, c'est vrai : son père est hongrois et sa mère italienne, dit Flora en riant. Décidément, je suis d'une étourderie impardonnable.

— Oui », dit la voix de Gildas, debout derrière moi (et je me retournai en même temps que toute l'assistance tant sa voix était ferme et disproportionnée à l'incident. Il était pâle et comme furieux tout à coup).

« Oui, reprit-il, quand on a la bonté d'interroger ses gens sur leur vie, on a celle de se rappeler ce qu'ils vous disent. Vous ne parliez pas du croisement d'un poney Shetland et d'un cheval Barbe, il me semble, mais de celui de deux êtres humains. »

Nous restâmes ahuris et indignés, et il dut le sentir car, marmonnant : « Je m'excuse », il s'inclina vers Flora et sortit dans le jardin. Artémise enchaîna avec un à-propos secourable bien rare chez elle, et je me penchai vers Flora, assise près de moi, et qui avait encore pâli, semblait-il. Je remarquai pour la première fois alors la petite ride sous ses yeux allongés et lumineux, devenus un peu liquides sous l'affront. Et un instant je haïs Gildas de toute mon âme.

« Comment peut-il..., soufflai-je, comment ose-t-il ?

— Mais il a parfaitement raison, répondit Flora sur le même diapason. Il a tout à fait raison. Et c'est moi qui suis brutale et médiocre dans ma fausse charité. »

Je me récriai. La charité de Flora était proverbiale dans tout le pays, comme ses largesses et la bonté de son cœur. On ne pouvait, sans mauvaise foi, lui reprocher comme une affectation ses longues courses dans les villages, ses innombrables tentatives pour aider les malheureux du pays, ses dons aux écoles, aux hospices et la perpétuelle porte ouverte de son château. Mais la charité de Flora eût-elle même été ostentatoire, elle arrivait néanmoins à soulager, soigner, aider et rendre supportable à beaucoup une vie qui ne l'était pas. C'est pourquoi la remarque de Gildas me paraissait si injuste et si cruelle. Il écrivait en ce moment même une tragédie — dont il n'arrivait pas à se dépêtrer, comme il le disait lui-même avec un petit rire exaspéré et confus quand on lui en parlait. Car, contrairement à beaucoup des invités de Flora, Gildas ne parlait jamais de ses œuvres ni de leur succès passé, pas plus que de ses projets et de ses triomphes à venir. En fait, je ne décelais rien en lui que je puisse mépriser malgré mes efforts. Cet éclat de ce soir, qui était peut-être la première faille dans une forteresse que je ne pouvais que souhaiter en ruine, cet éclat me déçut. Et je n'eus aucun mal, le lendemain, à rembarrer fort peu civilement Artémise qui, ravie, elle, de cet incident, l'attribuait à des causes fort peu honorables, trouvai-je, pour celle qui les exposait.

« Que voulez-vous, disait-elle, ces gens-là ont beau faire et beau dire, ils restent dans leur monde. La belle affaire que de s'être embrouillé dans la filiation d'une servante ! Il faut être né Caussinade et être chevalier depuis deux ans pour s'en offusquer à ce point. De toute manière, notre Gildas restera un paysan plus préoccupé du sort des paysans que du sort des nôtres. Vous n'y pouvez rien. »

Je la fis taire avec vigueur et lui rappelai que la seule élégance qu'elle-même déclarait valable il y a peu de temps encore, et solennellement, était l'élégance du cœur dont, justement, elle ne me semblait pas fort prodigue à l'instant même. Elle me répondit vertement, nous nous agaçâmes et je partis furieux contre elle et contre moi, malgré les efforts d'Honoré qui, lui, dépérissait à vue d'œil depuis le début de l'été, et que j'avais vu plus d'une fois s'égarer vers les communs de Margelasse et en revenir hagard (comme d'ailleurs tous les hommes de notre compagnie qui prenaient ce chemin). Il semblait que cette Marthe fût peu sensible à nos charmes, mais en revanche, elle le fut à ceux du premier cocher et du deuxième piqueux de la meute d'Orty, auprès desquels, d'après ma gouvernante que je ne pouvais pas faire taire à temps, on l'avait surprise parfois, dénudée au soleil, comme un animal.

JE m'aperçois que j'hésite à raconter ce qui va suivre. Il y a là quelque chose de si monstrueux que j'ai l'impression d'accabler d'avance les protagonistes de cette histoire incompréhensible. J'ai parlé de l'amour de Flora pour Gildas, cet amour visible et si touchant, et je n'ai pas oublié de dire à quel point il était évident aussi que cet amour lui était rendu. Il n'y eut jamais homme plus empressé, plus tendre, plus respectueux et plus sensible aux moindres humeurs d'une femme que ne l'était Gildas avec Flora. Il n'y avait pas une femme en Aquitaine et il n'y en avait, paraît-il, pas une à Paris qui n'eût souhaité être aimée de la sorte. Il parlait de Flora comme d'une femme à qui il devait tout, sa carrière et son talent compris, alors qu'il ne lui devait en fait que son bonheur, même si cela n'était pas rien. Il semblait avoir pour elle la gratitude d'un noyé pour son sauveur, d'un élève pour son précepteur, d'un amant pour sa maîtresse. Il la respectait, il la protégeait, la chérissait sans cesse et, pensais-je, la désirait de même, aussi exclusivement. Aussi, quand j'entrai dans le réduit qui suivait la salle d'armes de Margelasse, en ce soir d'août rougeoyant, je m'attendais à tout sauf au spectacle qui s'offrit à moi.

C'était une petite pièce carrelée où l'on entreposait indifféremment les casques, les fleurets, les quelques rapières des défunts Margelasse, même les dagues de chasse à courre. J'y venais prendre un poignard oriental dont venait de nous parler Flora, en buvant du porto sous le platane, et dont le dessin, disait-elle, était admirable. Gildas aurait dû partir le chercher mais il n'était pas là, probablement occupé à écrire, et j'y allai à sa place. Je poussai donc la porte et, au coin de ce réduit éclairé par une étroite meurtrière, ce réduit qui sentait la rouille, le cuir, le renfermé, la poussière, la moisissure, je vis, appuyée à une selle d'arçon, face à moi, la nommée Marthe, les cheveux défaits, le visage renversé en arrière, la lèvre supérieure retroussée sur les dents dans une expression de plaisir animal. Sa robe était relevée jusqu'à la taille, ses cuisses ouvertes par deux mains d'homme, un homme dont la bouche, appuyée avec ferveur sur sa cuisse droite, laissait échapper des mots dont j'entends encore l'écho rauque : « Je ne peux vivre sans toi... Tu es à moi... à moi seul. Quand veux-tu ?... Toute ma vie si tu veux... Je t'en prie ! Je veux tout... » Et cette voix aurait continué sans doute sa sourde supplication si, les deux yeux grands ouverts, la femme ne m'avait soudain fixé et ne se fût raidie malgré elle sous la surprise. Je ne voyais de l'homme, dans cette pénombre — car la lumière de l'embrasure n'éclairait que le visage, d'une sauvage beauté, je dois le dire, de la fille —, je ne voyais de l'homme que les épaules, la nuque et la pâleur du profil. Quand il tourna lentement la tête vers moi et que ses mains laissèrent retomber la jupe sur les jambes de Marthe, j'eus l'impression de recevoir un coup en plein visage : c'était celui de Gildas qui me regardait. Et j'aurais pu le tuer sur-le-champ si je n'avais vu se lever sur la lèvre de la fille et sur son visage toujours immobile, comme un horrible sourire d'invite.

Je ressortis en titubant, sellai mon cheval et repartis au galop vers Nersac, doutant de mes sens, incapable en tout cas d'affronter le regard de Flora.

Hormis ses protagonistes, personne ne savait rien de cette odieuse passion. Personne n'en savait rien que moi. Et personne, Dieu merci, n'était moins que moi porté au bavardage. Seulement le lendemain, nous devions chasser chez le marquis de Doillac où je retrouverais Flora et Gildas. Que leur dire ? Et surtout que dire à Flora ? Comment supporter de la voir jeter vers cette erreur de la nature, vers ce cœur versatile et faux, vers Gildas, les regards qu'elle lui adressait et dont le moindre eût comblé tous mes désirs ? D'ailleurs quel désir ? Je ne m'en sentais plus le moindre, je ne me sentais que du chagrin à imaginer celui de Flora, chagrin qui, semblait-il, arriverait très vite. La Vieille Dame était là : la Vieille Dame de la douleur et du drame. La petite vieille de province habillée de soie mate, cette petite vieille si discrète, si modeste mais à la voix basse et lascive, arrivait vers nous. De derrière les collines, je croyais déjà entendre résonner la voix trop forte, stridente, vulgaire à force de cruauté de la Vieille Dame de la mort : une voix faite en tout cas pour donner des ordres, des ordres que l'un de nous allait recevoir incessamment. La Vieille Dame arrivait à Angoulême.

Seulement cette Vieille Dame, pour une fois, ne pouvait étouffer en moi les cris violents du bel oiseau, de l'exquis oiseau de l'espoir. Cet espoir revenu et qui me représentait à présent, comme une image d'Epinal sanglante et naïve quand même, le beau Gildas mort dans un pré de ma main ; Gildas mort à mes pieds, et Flora, détournée de ce spectacle, appuyée à mon épaule,

Flora enivrée de ma bravoure et tremblante encore du hasard des balles, Flora qui murmurait : « Sans toi, j'étais perdue... » Je croyais parfois entendre cette phrase à mes oreilles tout à coup bourdonnantes et exsangues, comme devaient l'être mon visage et mon corps. Demain, que dirais-je à Gildas ? Que ferais-je à Gildas ? Pouvais-je le questionner, le menacer, le sommer de rompre ses amours ancillaires ? Comment, mais comment cet homme qui n'avait rien de bas pouvait-il rester aux genoux d'une chambrière sous le toit même de sa maîtresse ? Et surtout, comment, comment osait-il lui dire les mots d'amour que l'on réserve à d'autres femmes : les femmes de son rang, les femmes pures ? Si Gildas était surpris par quelqu'un d'autre que moi, il serait mis au ban de la société. Par quelle folie, en admettant qu'il fût vraiment épris physiquement de cette catin, par quelle folie Gildas lui tenait-il de tels propos ? Pourquoi parler d'amour à cette servante, proie déjà avouée de deux hommes : un cocher et un piqueux ? C'était pourtant le genre de femme qu'on prenait une fois en la payant quelques sols, que l'on pouvait à son gré reprendre pour le même prix et encore plus facilement oublier pour rien. Pourquoi ces mots d'amour ? Des mots d'amour qu'elle trouvait risibles, bien évidemment. Car je ne m'étais pas trompé sur le sens de son sourire, j'en étais de plus en plus sûr à présent : « Ces gens-là, comme disait Artémise, ces gens-là n'avaient pas de mœurs ni de morale. » Je m'endormis aussitôt couché. C'était là la seule maîtrise que j'avais de mon esprit et sa seule chance peut-être : les questions les plus troublantes l'endormaient dès lors qu'elles étaient sans réponse.

Il avait plu toute la nuit et nous ne devinions le soleil naissant qu'à travers des brouillards effilochés à trois mètres du sol, accrochés aux clôtures des prés, et qui peu à peu, se noyant dans les arbres, s'évanouissaient, laissaient voir à nos yeux une terre encore assoupie, intacte dans la première lumière de l'aube. Il est arrivé à tout homme, quels que soient son rang, son âge, sa nature, de fêter un jour, ainsi, en secret, son union sensuelle et originelle avec la terre ; la terre ronde devenue tout à coup sa chose, sa femme et sa maîtresse, ou sa mort. Chacun de nous a un jour remercié la boue et la pluie de l'avoir engendré, de l'avoir laissé traverser même pour peu de temps les fumées, les feux, les draps de soie ou les épines de ces paysages, ceux de ces campagnes, de ces villes lorsque la pluie les avait lavés et qu'ils séchaient au soleil. Ce matin-là, par ses premiers rayons, il faisait fumer la terre dans la fraîcheur du matin, et l'on voyait des peupliers là-bas, plus loin, se dresser dans un garde-à-vous nonchalant et quotidien. Je m'arrêtai malgré moi, je regardai la vallée. Badigeonnée de l'argent bleu, jaune ou blanc de ses rosées étincelantes, cette campagne m'apparut soudain comme un énorme gâteau immangeable et superbe. J'arrivai en retard à la chasse, suivis un piqueux, me retrouvai à la tête de la meute aidé par les aboiements désolés des chiens dont, pour une fois, les cris m'étourdissaient, et rejoignis le premier un sanglier forcé que j'égorgeai moi-même. On se plaignit à moi du dénouement rapide et fier, ou sordide et triste, selon les avis, que j'avais donné à cette poursuite. Il est vrai que j'avais cru longtemps suivre ma propre mort, le risque de ma mort, alors que je n'avais suivi qu'un sanglier épuisé, casseur, sournois et sans doute aussi malheureux que je l'étais moi-même. Je dois avouer que pendant ce quart d'heure je n'avais pensé qu'à lui, et pour le tuer, comme s'il s'était nommé Gildas.

AUSSI bien d'ailleurs, après cette exécution sauvage et dénuée d'esthétique si ce n'est de bravoure, je me sentis mieux. Les oiseaux réveillés chantaient avec le mien : cet oiseau d'espoir revenu enfin dans mon corps et dans mon esprit, dans ma raison, dans ma maison, après deux ans d'absence, après deux ans de jours obscurs et tièdes au soleil, glacés et flamboyants dans la nuit. Deux ans sans émotion, sans rancune et sans excès : car pouvait-on nommer excès mes écarts si raisonnables ? J'allais de temps en temps à Bordeaux relâcher le trop-plein de mon corps et de mon tempérament, j'allais y oublier mes rêveries sentimentales, ou le tenter, j'allais soumettre et dérober à la fois mes paysages nocturnes et tendres à des putains sans grâce. C'est en marchant dans une allée, au pas de mon cheval, le soleil brûlant déjà mon front, que je me rendis soudain compte que la prochaine fois que j'irai à Bordeaux, j'y exigerai une créature ressemblant à cette Marthe — à moins que je ne l'y trouve déjà installée elle-même avant ma visite. Je ne savais pourquoi, j'avais gardé en moi le souvenir du blanc de sa cuisse blanche, et de l'éclat de ses yeux gris. J'y rêvai un bon quart d'heure, m'endormis presque, sans doute, puisque je me réveillai un peu plus tard enlacé à elle dans une chambre du Louvre où habitait Louis XIII, où il pleuvait par les toits, une chambre où je me livrais à des comptes d'apothicaire pendant qu'elle m'embrassait le cou, l'épaule, le flanc. Ce rêve idiot me rendit enragé et je remis mon cheval au trot. Puis au galop. Tout à coup j'étais heureux. Il fallait bien me l'avouer, j'étais heureux. Les nuages, les brouillards n'étaient plus prisonniers des clôtures, ils filaient à présent, ils fuyaient dans le ciel et semblaient se cogner parfois à d'invisibles trottoirs d'où ils repartaient aussi vite, propulsés par un vent haut et amusé, comme devaient l'être, la nuit, les noctambules de la capitale, les fêtards, les bons compagnons de Gildas et d'une Flora inconnue et parisienne. Bref, je me sentais tout à coup fort gai, fort alerte, un peu comme délivré de mon fol amour, mon amour de roman, mon amour feuilleton. Sans me le représenter vraiment, j'avais imaginé une sorte de scène pour nos retrouvailles, pour cette rencontre de nos trois nouveaux personnages : la trompée, le trompeur et le témoin. J'avais imaginé Flora mélancolique, et elle riait aux éclats. Mais surtout, j'avais imaginé Gildas gêné, fuyant, pâle, et je le trouvai riant aussi avec elle, et d'un rire que ma vue ne fit pas baisser d'un ton. Au contraire, il me semblait voir quelque ironie dans ses yeux sombres et ce beau visage offert. Ce rire franc, relevé sur ses dents trop blanches, le regard troublé que jeta un instant Flora vers cette bouche éclatante et qui assombrit ses yeux mauves, tout cela me donna envie de le tuer, de frapper ce visage, ce mensonge vivant, ce coquin, ce faquin, ce subalterne qui non seulement se glissait dans le lit de la noblesse mais encore osait l'y encorner sous son toit. Ce fut moi qui pâlis sans doute, car Flora, quittant l'arbre où elle s'adossait, entourée de ses admirateurs, fit un pas vers moi et posa la main sur mon bras.

« Mon Dieu, Lomont, dit-elle, vous êtes tout pâle... Qu'êtes-vous devenu, hier soir ? Je vous avais envoyé chercher un poignard mais je ne vous avais pas dit de partir avec, ou sans. Que vous est-il donc arrivé ? Une migraine ? » dit-elle d'une voix blanche, sachant que cet énoncé suffirait à tout le monde. (J'avais la malchance, en effet, ou la bonne, de subir parfois d'atroces névralgies qui me faisaient fuir au milieu d'un bal ou endurer le martyre dans les dîners.)

« Lomont boit trop », dit cet animal de d'Orty qui avait déjà lui-même abusé de sa gourde d'argent dont il versait piteusement les dernières gouttes sur le sol. « Lomont est un dangereux alcoolique. »

Personne ne lui prêta attention et cette stupidité n'eût pas eu d'autre suite si Gildas n'avait ajouté, d'une voix froide :

« Est-il vrai que vous buviez, Lomont ? On m'a dit que vous aviez des visions parfois. Que vous voyiez ce qui n'est pas. »

Je m'entendis répondre d'une voix calme et indifférente à ma grande surprise, une voix ennuyée presque :

« Je vois parfois ce qui ne doit pas être, oui. Mais c'est un don qui n'est donné qu'à moi, que personne d'autre ne partage, tout au moins à Angoulême. »

Le sourire sarcastique de Gildas disparut et ses yeux redevinrent un instant des yeux de chien battu, des yeux rendus mats par une indicible douleur, les yeux que je lui avais vus la veille, quand il s'était retourné vers moi, des yeux d'aveugle en fait.

« Je vous demande pardon », dit-il à voix presque basse.

Et chacun resta saisi un instant par le tragique de cette voix, une voix qui résonnait comme la jeunesse elle-même avec son ingénuité, sa violence et son désespoir.

« De quoi parlez-vous ? dit d'Orty. On croirait des pythies, ma foi ! Exprimez-vous en bon français, tudieu ! Vous les comprenez, vous, comtesse ? » demanda-t-il à Flora dont les yeux pensifs allaient à présent de son amant à moi et de moi à son amant, pleins d'une suppliante frayeur.

Je croisai ses yeux que je connaissais bien pourtant et que je rencontrais généralement chargés de cruauté, de la chaleureuse cruauté de l'amitié sans amour, et qui cette fois-ci étaient troublés enfin, qui enfin imploraient quelque chose de moi sans savoir même ce que c'était, par un regard qui voulait juste dire : « Taisez-vous ! Taisez-vous. Je ne veux rien savoir. » Je baissai les yeux devant ce regard nu et neuf, ce regard de femme, enfin, qu'elle avait vers moi. Je baissai les yeux de honte pour Gildas, de honte pour moi, de honte pour elle. Je la vis sans la voir chercher la main de Gildas, la serrer, y mêler ses doigts aux siens dans une étreinte convulsive, et je vis Gildas se tourner vers elle et l'appuyer contre lui, contre son corps robuste et trompeur, et épris d'une autre, auquel elle se confia entièrement. Les traits de Gildas étaient tirés mais il rayonnait d'un sombre bonheur. Mon arrivée intempestive de la veille avait dû redonner quelque imagination à sa garce de Marthe, et chaque millimètre de sa peau tannée, chacun de ses cheveux, chacun des muscles que l'on voyait glisser sous sa peau, chaque nerf, chaque parcelle de ce corps d'homme respirait la satiété, la félicité d'un corps, l'assouvissement le plus total, le plus bestial, le plus clair pour un autre homme. Et c'est à cela que s'appuyait Flora que j'aimais et qui l'aimait, lui ; c'était sur ce cœur qui battait calmement sous son oreille qu'elle s'appuyait, sans même soupçonner qu'il redoublait et triplait de vitesse sous une main aux ongles sales. Je pris la seconde gourde de d'Orty qui pendait à sa ceinture, l'arrachai presque, et me brûlai le palais d'un alcool infect dont j'ignore encore le nom et le goût.

GILDAS pâlissait et maigrissait à vue d'œil. Flora s'en inquiétait tout haut. L'assistance émerveillée attribuait ces symptômes à la fièvre créatrice et, qu'il fût de Paris ou de Saintonge, chacun se récriait sur les exigences de l'inspiration. Et j'eusse, comme eux, sûrement fini par distinguer une auréole sur la tête du jeune homme si je n'avais vu celle-ci enfouie récemment dans l'entrejambe d'une chambrière.

Gildas qui avait d'abord, non sans agacement, refusé l'alibi de ses muses, se laissait maintenant aller aux commodités de cette comédie. Il ne me disait rien, je ne lui disais rien, mais si par hasard quelqu'un faisait sans malice allusion à une situation similaire à la nôtre — enfin, à la sienne — c'était étrangement moi qui rougissais. Nous n'évoquions jamais « l'après-midi de la salle d'armes », comme je me le nommais à moi-même, mais Gildas eut le bon goût, tout au moins les jours qui suivirent, de ne pas disparaître quand j'étais là. Et pourtant j'étais avec eux aussi souvent que les autres invités, c'est-à-dire tout le temps. Les déjeuners chez l'un, les promenades à cheval, les chasses, les parties de pêche, les bals, les dîners et les soupers se succédaient à un rythme jusque-là ignoré d'Angoulême. Artémise elle-même chancelait parfois au soleil de midi et je voyais des cheveux blancs dans ses mèches roussâtres.

Mais plus que chez elle, l'âge frappait son époux, Honoré-Anthelme d'Aubec. Je lui avais deviné la même obsession que Gildas et je n'arrivais pas à croire vraiment que cette garce puisse épuiser à elle seule deux hommes vigoureux en plus des deux rustres qu'on lui prêtait. Gildas et Honoré avaient l'air consumé. Ils étaient comme marqués jusqu'à l'os, à la peau des poignets et du cou, de souvenirs apparemment brûlants. Et cela de par la même femme qui ne semblait pas les voir quand son service l'amenait près d'eux : cette femme dont l'arrivée parmi nous leur faisait chaque fois détourner les yeux avec ensemble, avec effort, tandis qu'au contraire les regards des autres invités mâles convergeaient vers elle. Mais cette indifférence d'Honoré, à l'inverse de Gildas qui, lui, ne fixait jamais les yeux ailleurs que sur Flora — et les fixait de plus, avec amour, je ne pouvais le nier — cette indifférence, donc, chez notre galant préfet devenait ostensible et inquiétante même pour Artémise. Elle finissait par entrevoir, et c'était là un coup affreux porté à son orgueil bien plus qu'à son affection, que son grand niais de mari, tout encorné qu'il eût été sans broncher toute sa vie, était en train de la tromper vraiment avec une femme du peuple. Honoré eût-il aimé une Rohan-Chabot, elle y aurait presque pris du plaisir. En attendant, qu'il couchât avec une servante ne la dérangeait pas non plus, mais qu'il y pensât en dehors de ses bras était pour elle inimaginable.

Car il y pensait. Il en était même obsédé, ravagé. Ses bonnes joues roses étaient devenues jaunes et creuses. Il buvait avec excès, devenait geignard sur tout et se désintéressait même de ses biens. C'est ainsi que lui, qui faisait dix fois par mois les comptes de son portefeuille, ne mettait plus les pieds dans mon étude. Et le jour où je lui en fis affectueusement le reproche, je fus fort étonné de ce qu'il me répondît brutalement : « Que voulez-vous que j'en fasse, mon pauvre Lomont... L'argent ne sert à rien dans mon cas. » Et cela avec une voix rauque et vibrante qui me fit fermer la porte de son bureau et lui avancer un fauteuil précipitamment, où il s'effondra et me raconta toute son histoire.

Il y avait de quoi s'effondrer, en effet.

Certains malheurs, contrairement au bonheur qui est toujours triomphant, quoi qu'on dise, certains malheurs sont déshonorants. Moi-même, que ma passion pour Flora rendait ridicule, triste et humilié, du moins avais-je la consolation qu'elle n'atteignît point mon âme ni ma conscience. Il n'y a pas honte à aimer en vain une femme digne de l'être comme l'était Flora. Mais cette garce d'office!... De plus, il semblait que cette Marthe, si elle s'offrait vite, se rendait vite au désir de ses soupirants ; il semblait bien que ce fût pour elle une manière de les offenser plus que de leur plaire. La flamme de ses galants, attisée à présent par leur mémoire, devenait insupportable. Leur vague désir d'une femme était changé en désir précis d'une seule : celle-là. Surtout lorsqu'elle n'en voulait plus. A peine étaient-ils comblés qu'elle se dérobait, se promettait, ne venait pas, ne les voyait plus, leur fixait des rendez-vous dans des endroits innommables où elle venait se donner comme une femelle en chasse ou se refuser sans un mot d'explication. Enfin, et c'était là ce qui m'étonnait le plus, elle n'acceptait pas un sou de leur part, ni un écu. De personne. Si ce n'était des deux beaux rustres, pourtant démunis, qu'elle saignait de leurs quelques sous chaque fois qu'elle mêlait ses fantaisies obscènes aux leurs. Ces trois-là rivalisaient de dépravation, se donnaient des leçons de luxure et de sadisme au cours de scènes que je ne puis décrire, puisque Honoré s'y refusait. Il semblait qu'une fois il eût, malgré lui et par hasard, assisté à un de ces spectacles, mais en l'écoutant bien je vis aussitôt que si ç'avait été en effet malgré lui, ce n'avait pas été du tout par hasard. La fille s'était fait surprendre délibérément et ne lui avait infligé le spectacle de son plaisir avec d'autres que par ce que je nomme « vice » avec un petit « v », et non comme Honoré, « Volupté » avec un grand. Comment Gildas pouvait-il, lui qui avait la plus séduisante, la plus limpide, la plus épanouie des femmes — et une femme qui aimait en lui l'amant, visiblement, tout autant que l'aimé — comment pouvait-il s'agenouiller devant les reliquats de ce gros préfet et de deux valets ! Je dus marmonner tout haut ma question car Honoré, l'entendant et arrêtant ses plaintes, me regarda tout à coup d'un œil froid et exaspéré.

Comment dire ?... Il me semble revoir encore cette scène : moi, assis dans le bureau de ses prédécesseurs sous l'œil de ces préfets accrochés au mur autour de Louis-Philippe, moi, assis dans ce bâtiment aux volets clos, dans cette pièce si paisible où le soleil ne filtrait qu'à travers les persiennes, et où l'on entendait la voix des subordonnés d'Honoré à côté, leurs intonations paisibles et leur froissement de papier. Et lui assis et maître chez lui de son petit monde, devenu ce fou furieux qui, à deux mètres de sa maison et dix mille lieues de ses occupants, se débattait dans son cauchemar. Seules, les raies parallèles des persiennes dans la poussière dorée et poudreuse nous rappelaient l'existence, dehors, d'un soleil rassurant sur une place ouverte, ses raies lumineuses se posant sur le parquet et parfois sur la boucle du brodequin d'Honoré comme un clin d'œil déplacé.

J'avais bien besoin, au demeurant, de ce clin d'œil tant le récit, pourtant maladroit, naïf et sot, le récit emphatique et mélodramatique de mon interlocuteur contenait d'ombres troubles et inquiétantes malgré leur ridicule. A ce « comment », donc, posé sur moi qui pensais à Gildas, Honoré releva la tête et répéta : « Comment ? Comment ? » en me faisant face, laissant voir son visage, ses yeux striés de sang et une bouche gonflée sans doute d'avoir été mordue dix fois pendant son récit, une bouche qui se dissociait par un rictus du haut du visage et rendait ce visage frappant et hideux d'une complicité incongrue.

« Voyons, Lomont, dit-il d'une voix sifflante et dure, sa voix de préfet et sa voix d'ambitieux, voyons, Lomont, vous voyez bien que ce n'est pas une pute ordinaire dont je vous parle... Voyons, Lomont, d'Orty lui a offert mille écus pour venir chez lui gouverner, et non pas servir. Et savez-vous que Doillac voulait lui donner son pavillon de chasse à Confolens et l'y installer dans ses meubles ? Savez-vous qu'elle a refusé et l'argent, et les meubles, et le pavillon ? Et savez-vous que ses deux rustauds d'amants se sont battus à mort hier soir, au couteau, et que l'un des deux est à l'agonie ? Et savez-vous qu'il la réclame et qu'elle n'y va pas ? Savez-vous que les hommes font ce qu'elle demande, qu'ils lui accordent tout puisqu'elle ne veut rien ? Tous, les uns après les autres...

— Et moi ? dis-je en riant pour arrêter ce flot d'insanités, et moi, que lui ai-je donc offert ? Que lui ai-je promis ou accordé ? »

Honoré sourit.

« Votre silence, dit-il. Et uniquement votre silence, puisqu'elle ne veut pas autre chose de vous. »

Je devins furieux d'un coup, furieux de voir qu'il savait.

« Je me suis tu, dis-je, à cause de Flora et d'elle seule ! Je ne veux pas que Flora soit mêlée à vos amours d'office et d'écuries. Flora n'a rien à voir avec les accouplements bestiaux que vous nommez votre destin. Et elle en restera éloignée, je vous l'assure ! »

J'étais prêt à me battre mais l'orage éclata avant moi. Un grondement sinistre venu du ciel bas tomba sur la place, et un vent violent, soudain, la balaya, fit claquer ensemble trente volets et sembla se jeter sur les pavés. Le soleil disparut tout à coup et j'allai jeter un coup d'œil malgré moi par la fenêtre. Ce fut pour y voir, rejetés sur la place d'Armes et voletant partout, non seulement les journaux ou les habituelles feuilles précocement mortes, mais aussi d'incroyables déchets amenés du faubourg par ce vent, sans doute, des éclats de verre, des bouchons, des oripeaux, des saletés incongrues et inconnues de cet endroit et de ses notables. Il y avait quelque chose de sinistre dans ces preuves de vie misérable projetées dans notre décor bourgeois, dans ces détritus venus d'un autre monde, un autre monde qui n'était jamais qu'à deux cents mètres. Les habitants de la place jetaient comme moi un regard étonné et indigné vers ces objets innommables. Je me reculai et me heurtai presque à Honoré qui regardait aussi derrière mon épaule.

« Voyons, dis-je, Honoré, ressaisissez-vous. Après tout, il n'y a pas mille manières de se coucher avec une fille. Il n'y en a que trente-six, d'après les Hindous. Ce qui est déjà beaucoup plus que je n'en connais. Mais le plaisir reste toujours le plaisir, mon bon, ni plus ni moins. »

Il y eut un instant de silence avant qu'Honoré reprît d'une voix basse :

« Bien plus et bien moins, Lomont, je vous le jure. »

Et cette voix basse, nue presque, me fit plus d'effet que toutes ses confessions lyriques précédentes. Il ne parlait plus, il ne se plaignait plus, il ne semblait même plus souffrir, et, pourtant, dans cette fin d'après-midi orageuse, dans cette atmosphère si bizarre que je sentais même l'odeur du seringa de l'autre côté de la place, je vis un instant Honoré comme un homme condamné à mort, un homme mort déjà.

« Je vais demander à Flora de la renvoyer », murmurai-je avec désespoir. Et c'était bien évidemment la seule chance d'Honoré pour acheter un jour cette hétaïre installée à Margelasse. Mais plus que mon égoïsme et ma mélancolie, je ressentais un sentiment d'urgence, de danger, un sentiment de catastrophe possible soudain, plus important que tous mes espoirs personnels.

Honoré leva les yeux vers moi, des yeux de bête malade, et ne trouva qu'à me dire :

« Si elle part, je la suivrai, vous comprenez, Lomont ? »

Et cette douceur m'accabla définitivement.

Arrivé à Nersac, je me précipitai vers la cuisine mais ni le vin d'Anjou ni le fromage que j'y avalai comme un remontant ne me rassurèrent.

LE grand bal que donna d'Orty dans son château, fort éloigné d'Angoulême, obligeait chacun à y passer la nuit, et chaque invitée partit donc avec sa camériste ou son valet dans sa voiture, afin de s'habiller avant le bal. Je décidai de profiter de ce concours de circonstances pour m'expliquer avec cette Messaline. Je lui intimerais l'ordre de filer sans prévenir Flora et sans s'expliquer. J'emporterais avec moi assez d'argent pour l'y décider, croyais-je. Car son refus des écus d'Honoré ne signifiait rien pour moi sinon qu'elle voulait voir cette somme sur la table. Il n'y avait point d'autre explication à sa conduite puisqu'elle n'aimait ni les uns ni les autres. J'aurais pu la croire sensible à la beauté de Gildas si, au cours de sa confession, Honoré n'avait avoué l'avoir possédée l'avant-veille encore dans un box de l'écurie. C'était une femme folle de son corps sans doute, une erreur de la nature, et le sourire qu'elle m'avait adressé par-dessus l'épaule de Gildas quand je les avais surpris, ce sourire provocant et railleur joint à l'expression de ses yeux allongés, tout cela me prouvait que notre Messaline ne tenant à personne tenait donc à l'argent. Je connaissais ce genre de manœuvres, ma fonction de notaire m'ayant fait tout voir sur la cupidité et l'habileté des femmes. Bref, je m'étais résolu à être autoritaire autant que généreux, et si une somme de mille écus pouvait libérer mes amis, mes compagnons d'existence de cette furie, cela ne serait pas pour moi un sacrifice bien grand comparé à celui que je faisais de mes espoirs sentimentaux. Je partis pour Cognac, donc, dans la voiture d'Honoré, après la fermeture de l'étude, et je ne pus pendant cette course éviter à nouveau ses confidences. Le malheureux parlait tout seul, au demeurant.

« Je la déteste, disait-il en jetant des yeux fous par la portière comme s'il traversait un paysage inconnu, je la déteste et je ne me sens bien qu'avec elle. »

Il me faisait penser à un de ces emprunteurs qui ne comprennent qu'après coup que les hypothèques leur sont fatales en tous les sens. Dans son cas, ce corps qu'il avait emprunté lui avait été aussitôt repris ; l'hypothèque était sa vie, et sa réputation, et sa carrière. Quant à l'intérêt exorbitant, il était sa souffrance et son obsession. Car son désir n'avait plus le flou, l'obscurité que l'on a pour une femme inconnue, il était remplacé par des images, des gestes, des souvenirs exigeants. L'obscurité de ses désirs avait cédé la place à un immense soleil aveuglant vers lequel il marchait, les yeux grands ouverts et titubant sur le coin d'une mémoire affreusement précise. Chacun sait que, en musique comme en cuisine, ce n'est pas découvrir qui vous comble, mais retrouver. La plus grande volupté, ce n'est pas à la découvrir qu'on l'éprouve, mais à la reconnaître, semblable et différente. La mémoire d'Honoré, comme celle de Gildas, devait être bien lancinante à leur voir, tous deux si dissemblables, ce même regard de martyr incrédule. Car martyrs, ils l'étaient tous deux. Sur sa demande, ou plutôt sur son exigence, ils avaient tous deux écrit des lettres d'amour à cette catin, et elle les avait lues et relues suffisamment pour se les rappeler et leur en citer des passages. Elle leur en récitait des bribes, au hasard de ses humeurs et à chacun de leurs rendez-vous rendant grotesques et indécents au grand jour ces mots écrits dans la fièvre de la nuit et de la fatigue, ces mots trop frais et trop sentis, dont l'encre, au soleil, affadissait les termes ou, au contraire, les embrasait jusqu'à les rendre obscènes. De plus, elle se trompait, ou le feignait, et répétait à l'un les formules de l'autre, les plus crues, bien sûr, riant aux éclats quand le malheureux, avec fureur ou désespoir, ou dans un effort de dignité impossible, rectifiait l'erreur et lui signalait qu'elle se trompait d'expéditeur. Cela la faisait rire aux larmes. « Bah ! disait-elle, du moment qu'elles ont la même destinataire... » Honoré, qu'elle appelait « Monsieur le préfet des champignons comestibles » depuis qu'il était revenu gêné et penaud d'un rendez-vous lugubre au fond du hallier, Honoré était à sa main à présent, prêt à tout, résigné à tout sauf à se passer d'elle. Or cette défaite totale agaçait Marthe. Il ne paraissait même plus souffrir en l'entendant répéter d'un air salace des phrases qui n'étaient de lui qu'une fois sur trois — car d'Orty aussi écrivait — des phrases qui, au demeurant, ne lui semblaient pas plus ridicules que les siennes. Il semblait qu'il n'y eût plus que Gildas à se débattre. Gildas qui refusait encore de renier Flora devant elle et qui donc offrait le plus de distractions à sa cruauté en même temps que, comme elle le disait à Honoré, il lui procurait le plus de plaisir. Elle vantait sa beauté à Honoré, elle l'opposait à son insignifiance. Et Gildas était le seul pourtant qui, me semblait-il, aurait pu la séduire parmi tous ces gentilshommes dont elle dédaignait l'amour, la personne et, jusqu'ici, les biens, avec tant de hauteur. Mais si elle aimait Gildas, pourquoi ne pas fuir avec lui ? Gildas était riche à présent ; ses pièces et ses livres se vendaient partout. Et si elle ne l'aimait pas, pourquoi s'offrir à lui et lui faire l'amour avec cette frénésie dont parlait avec délice le malheureux Honoré ?

Je parle de Marthe avant de la mettre vraiment en scène, mais cela est indispensable pour qu'on voie bien ce qu'était cette femme et qu'on s'y retrouve dans ce récit.

Mais quel est ce « on » que je m'inquiète subitement de ne pas dérouter ? Il serait temps que je m'arrête. Mais là, que les dieux de la littérature me pardonnent, j'éprouve à présent du plaisir à cette heure que je passe chaque jour penché sur ce cahier. J'y oublie souvent le temps. Et l'autre soir, ma gouvernante s'est affolée, l'heure du souper étant passée, et m'a appelé par l'escalier, inquiète de ma santé. Elle a été bien rassurée à ce sujet car j'ai dîné de fort bonne humeur, grâce à l'exultation propre à tout plumitif, entouré que j'étais, à table, de Flora, Honoré, d'Orty et de Marthe auxquels j'avais redonné vie, me semblait-il. J'ai porté à Honoré des toasts silencieux et gais, à mes amis morts, à mon ennemie disparue et à mon bel amour égaré et perdu pour toujours.

L'HOTEL particulier dont d'Orty avait hérité à Cognac était l'un des plus beaux du pays. Ses dimensions immenses, sa belle construction, donnent à ses pièces peu meublées un air lointain que j'ai toujours aimé à regarder. Cet air-là, je ne le retrouvai pas le soir du bal. D'Orty avait invité la province entière, sans doute pour éblouir sa maîtresse servante, et dissipé en une fois l'argent qu'elle lui avait jeté à la tête. Sa réception était royale, l'hôtel flambait de mille chandelles, de mille feux, de mille fleurs. Deux buffets somptueux étaient dressés dans deux grandes pièces et cinquante laquais, venus de Bordeaux, de Périgueux, tous habillés dans la livrée de d'Orty, veillaient à tout. Nous étions tous masqués et tous soucieux de ne pas être reconnus trop tôt. Chaque femme et chaque homme avait pour cela fait faire une toilette nouvelle et portait un loup qu'on enlèverait à deux heures au plus tard, à minuit au plus tôt, comme l'avait décidé le maître de maison. Ce malheureux d'Orty, dont l'intelligence semblait céder du terrain sous les coups du malheur, je le reconnus tout de suite à sa voix fluette, mais je fis le sot. J'identifiai aussitôt Flora, dans une robe bleu nuit, d'un bleu qu'on retrouvait dans ses yeux et qui la livrait très tôt à tout observateur un peu épris. Je lui donnai néanmoins du « Madame » d'un air distrait qui la fit rire, doucement d'abord, puis aux éclats. Un rire contagieux qui nous fit après cinq minutes enlever nos masques pour nous en éventer l'un l'autre, et sécher nos larmes de collégiens.

« Mes fards doivent être atroces ! dit-elle en s'essuyant les yeux. Mais mon Dieu, Lomont, diriez-vous vraiment : Bonjour Madame, Mes hommages Madame, sur ce ton à une inconnue ? Vous aviez la voix d'un suborneur de comédie... Avouez que vous m'avez reconnue tout de suite. »

Je niai énergiquement et nous partîmes danser dans la salle de bal. Là, on nous fit un grand succès tant il était vrai que nos pas s'accordaient bien sur la musique de l'orchestre. Après trois valses et une polka, Flora demanda grâce. Je la laissai assise dans un minuscule fauteuil avant d'aller, à sa requête, chercher Gildas qu'elle avait vu lui sourire deux fois au début de notre danse, mais pas depuis. « Il était en habit comme tout le monde, et son loup était doré, phosphorescent », me dit-elle pour que je le reconnusse. Je traversai donc deux fois consciencieusement une foule inconnue, venue de Paris, Lyon et Bordeaux autant que d'Angoulême, cherchant ce loup doré sans le trouver, ce que déjà, d'ailleurs, je redoutais. Ce ne fut donc qu'après dix minutes que je me dirigeai à la fin vers l'appartement de Flora, ayant le soir même été boire du porto dans les chambres qui leur avaient été réservées. Couloirs déserts, chambres désertes, vestiaires déserts, je glissais d'une chambre obscure à une chambre obscure, ouvrant doucement les portes, prêtant l'oreille au silence, repartant vers d'autres chambres identiques. La dernière que j'ouvris était la bonne. Dans le noir, le silence bruissait de quelques soies froissées, de quelques draps que l'on rejetait et d'un bruit que je reconnus vite : le bruit d'un corps battant un autre corps sur un rythme précipité qui m'arrêta sur le seuil et me fit repousser la porte. Mais je m'appuyai la tête contre le mur du couloir et je portai les mains à mes oreilles lorsque le feulement, le cri d'amour de la femme s'éleva comme celui d'un fauve au paroxysme de la rage, de la douleur, de la violence, et se brisa sur une note basse d'une façon brutale et intolérable, d'une façon insupportable et qui me fit bondir en avant à nouveau, qui me jeta dans cette chambre dans le seul but d'arracher Gildas à cette femme, de m'abattre à sa place entre ces jambes et dans le corps d'où jaillissait cette voix-là, cette voix charnelle : cette voix de la femelle que j'avais reconnue aussitôt, celle qui est due à tous les hommes et qu'ils ne trouvent jamais. Je me jetai sur la porte contre le mauvais battant et m'y assommai à demi, suffisamment pour que j'aie l'impression aussitôt de me réveiller; dans un silence mortel, inquiétant et presque plus insupportable que ce cri poussé tout à l'heure par cette voix inhumaine, terrible à force de plaisir et de naturel.

Je ne sais comment je me retrouvai dans l'escalier ni par quel miracle je reconnus dans un miroir l'inconnu hagard qui le descendait, moi-même, Nicolas Lomont, défiguré comme j'avais vu des gens l'être après une grande peur. Et j'eus une seconde d'affolement à la pensée de rentrer dans cette foule. Quelqu'un me bouscula et, se retournant pour s'excuser, me montra son masque et une issue à mon problème. Je me rappelai avoir mis le mien dans une poche en montant l'escalier, une demi-heure plus tôt. Je le cherchai dans l'escalier cinq minutes jusqu'à ce qu'un laquais qui passait par là s'exclamât devant ma bosse et mon front violet. Il me mit de la glace et des compresses et m'alla chercher un autre loup chez son maître. Je restai dans les cuisines à l'attendre, au milieu des domestiques, aussi affairés, austères et épuisés qu'ils semblaient souriants et paisibles dans le salon. Ma présence ne les dérangeait même pas et à force de ne pas me voir, ils finissaient par me faire trouver le temps long. Enfin mon laquais oublieux revint, essoufflé, et me donna un masque neuf et une sorte de turban qui dissimulait les plaies et les bosses de mon chef. Je lui donnai quelques louis et cet infirmier miraculeux me fit absorber de force une mixture « propre, disait-il, à remettre debout un honnête homme à terre ». Je repartis, en effet, d'un pas léger vers la foule et je me préparai à bafouiller à Flora que je ne trouvais point son amant, quand je vis celui-ci près d'elle et lui parlant avec feu, gaieté et chaleur. Flora lui répondait en souriant du fond des yeux, de toute sa tendresse, son regard livré au sien. Il avait l'air si heureux, si ardent et si sincère que les femmes, en valsant à côté, en oubliaient leurs cavaliers. Je les voyais chercher sur Flora quelque défaut qui rendît ce bonheur moins cruel à voir. Car le bonheur était là, en même temps que l'amour ; l'amour infini et complet, l'amour absolu, le bonheur rêvé et recherché de tous, le bonheur qu'exprimaient ces deux visages et qui dépendait du bon vouloir d'une femme de chambre... Gildas était comblé dans sa chair, dans son orgueil, sa sincérité, et il venait offrir ce bonheur à celle qu'il aimait vraiment, celle qu'il chérissait et estimait vraiment plus que tout, celle qu'il avait trompée quelques minutes avant dans le seul but, peut-être, de pouvoir l'aimer mieux ensuite. Gildas était si beau, si jeune surtout, si innocent d'avoir si bien joui d'une autre, que je comprenais un peu ces esprits libertins qui disaient le corps si loin de l'âme et si peu destiné à s'y aligner. Comme s'il était vrai que le plaisir est innocent chez l'homme et que la peau, par tous ses pores, les sens, par toute leur fatigue exaltante, les nerfs, par leur relâchement heureux, comme si tout ce qui nous ramène du plaisir nous ramène aussi à une innocence originelle. Comme s'il était vrai que le contrat du plaisir partagé, donné et rendu, que l'échange des mêmes gestes, des mêmes soifs et des mêmes fièvres soit respectable en soi. Le corps de Gildas Caussinade, ce petit paysan trop beau et trop doué, à qui il arrivait trop de choses, était (à mes yeux exaspérés et jaloux) l'innocence même. La seule coupable, celle qui s'agenouillait, s'oubliait et haïssait cet état, c'était l'âme de Gildas. Celle à qui répondait le corps fidèle de Flora et qui, comme une duègne paralytique, courait dans tous les couloirs à la poursuite de sa proie infâme et délicieuse, le corps agile, enthousiaste et affamé de Gildas.

Et pour moi qui le regardais, j'étais bien obligé aussi de m'avouer que, plus que de la fureur, la jalousie ou le dédain, c'était de l'envie qu'il m'inspirait. Mais quelle envie ! Non pas celle de la vie qu'il avait et qu'il allait passer avec Flora, mais l'envie du quart d'heure qu'il venait de passer. Il y avait plus de désespoir, plus de rancune dans mon âme, comme si l'on abandonnait plus facilement un rival au bonheur qu'à la passion. Car le bonheur l'enchaîne, front contre front à sa compagne jusqu'à sa tombe, et nous laisse à nous le malheur, bien sûr, mais aussi la passion, ses errements et ses libertés. Je me rendis compte, enfin, que j'aurais donné mon bras gauche pour entendre encore une fois cette voix torturée et comblée de tout à l'heure, et mon bras droit pour que ce fût sous moi qu'elle eût poussé ce cri. Bref, je me rendis compte que j'étais ivre par la faute de ce laquais et que je devais cuver mon alcool ailleurs que dans ce salon. Je me retrouvai dans les couloirs, marchant vers cette redoutable femelle pour remplir ma mission d'homme vertueux et d'ami fidèle.

JE la trouvai assise sur une petite chaise, au pied de ce lit d'où elle jetait ses cris tout à l'heure, et qui maintenant, parfaitement tiré, respirait la vertu et la province. Elle se tenait comme une sœur tourière, sa blouse noire bien tirée dans une jupe à petits damiers qui rejoignait presque ses souliers de chaisière. Elle recousait, ou semblait recoudre, une robe étincelante noir et or que je n'avais encore jamais vue sur Flora. Je m'immobilisai dans la porte, toussai, et elle me jeta un regard ennuyé, puis surpris, lorsque, titubant légèrement en entrant, je lui révélai mon état éthylique. Mais son ironie, si elle existait, ne me touchait pas. Je ne voyais plus ce visage austère, ce visage fermé et presque discourtois qui en faisait un être à part, étranger à la domesticité affable de Flora. Je regardai la peau si fine, si blanche, d'un blanc mat où la colère devait mettre des rouges fulgurants, je regardai la bouche tombante et avide autant que méprisante, je regardai les pommettes écartées, les yeux allongés d'un gris fer, je regardai le visage de cette femme point par point, et je reconstituai aisément le visage d'où était né tout à l'heure cet aboi d'amour. Elle dut voir quelque chose dans mes yeux qui arrêta son aiguille et la laissa les yeux rivés aux miens ; des yeux intéressés, curieux, amusés peut-être, où je ne voyais pas trace de honte ni de frayeur, ni même d'embarras. Car sournoisement, je comptais bien sur la gêne pour handicaper mon adversaire. Et quelle femme n'eût pas été gênée de revoir un homme qui vous a surprise quelques minutes plus tôt en plein accouplement avec un autre, et qui se tient maintenant debout devant vous ? Qu'est-ce qui me faisait poser cette question ridicule puisque j'en connaissais la réponse ? Quelle femme ? Une seule : celle-ci. J'aurais dû écrire : « Je me trouvais en face de la seule femme que je connaissais à ne pas avoir honte, etc. » Voilà que je me livre à ces afféteries littéraires que j'ai tant raillées jadis. Et de voir quels faux problèmes, quelles fausses questions et quels stratagèmes on utilise en littérature pour éveiller l'intérêt d'un lecteur somnolent peut-être, je suis pris de vertige à l'idée des autres artifices auxquels nous nous livrons sans doute inconsciemment dans la vie de tous les jours pour éveiller quelque intérêt pour la vie d'un personnage pourtant autrement intéressant mais autrement plus difficile, hélas, que tout lecteur : nous-mêmes.

« J'ai à vous parler », dis-je enfin avec un effort des plus pénibles pour articuler, mais qui libéra chez moi un bavard inconnu, un bavard que jusque-là l'alcool n'avait jamais fait paraître.

Je lui fournis donc un fort beau discours, tour à tour solennel, hypocrite, menaçant et familier, enveloppant et coléreux. Je lui parlai de Flora, de sa bonté, de son estime pour elle, je lui assurai que Paris tout seul ne saurait suffire à ses succès à elle, Marthe, et que les gendarmes l'y amèneraient de force si elle ne prenait pas les dix mille écus que je lui offrais en même temps que son congé. Comment étais-je passé du chiffre de mille écus prévu la veille, à dix mille ? Je ne le comprenais pas moi-même et je ne voyais que le cordial de ce laquais, ce maudit mélange qui ait pu provoquer cette libéralité désastreuse.

En fin de compte, je fus pompeux, émouvant et ridicule, et en tout cas fort long. Les flonflons du bal parvenaient faiblement jusqu'à cette chambre, si douce dans la pénombre, cette chambre où j'étais assis en face de cette simple servante qui m'écoutait sans me lâcher des yeux un instant, avec une expression inerte et rêveuse, mais parfaitement attentive. Au bout d'un moment, je me relevai dans le feu de mes arguments, marchai de long en large, et elle me suivit des yeux, regardant mes épaules, mes genoux, mon torse, mes cheveux, d'un œil limpide et métallique, recommençant dix fois cet inventaire de maquignon en descendant de mes cheveux à mes pieds, puis en remontant.

Je ne me formalisai pas trop vite de ces regards insultants pour un homme, ces regards réservés d'ordinaire aux hommes sur les femmes. C'est qu'ils étaient vrais avant tout, bien plus vrais que salaces malgré leur précision éhontée. Quand je me rendis compte de ce que son expression laissait entendre, je m'arrêtai en face d'elle, à trois mètres, et tentai de cacher mon émoi en bredouillant encore quelques mots qu'elle n'écouta pas. Elle souriait vaguement en me regardant à la hauteur de la taille. Il y avait quelque chose d'approbateur dans son visage qui me fit jeter les yeux sur moi-même et, y découvrant le pourquoi de ce sourire, en rester cramoisi et furieux. Elle releva les yeux sur mon visage et posa sur la table son travail de couture. Elle se leva. Elle ne me quittait pas des yeux et c'est avec une sorte de terreur sacrée que je la vis marcher vers moi, poser sur la raison de ma honte et de son ironie une main que je sentis impérieuse et légère à travers mon habit, et je l'entendis à peine murmurer : « Mais oui... à bientôt ? », tandis qu'elle disparaissait dans la porte en chantonnant.

Cette sortie me laissa coi sous le ridicule, et pantois. Quels étaient donc ces émois de puceau devant le premier jupon venu ? Bien évidemment, mon pieux discours et mes pieux conseils — je dis bien conseils car après tout, je n'avais pas à lui donner d'ordres — toute ma belle équation vertueuse une fois posée sur ce dénominateur, commun en plus à tous les mâles et commun tout court, en perdait toute sa portée, en admettant qu'elle en ait eu une. D'ailleurs je finissais par croire au pouvoir de Marthe, puisque je m'étais découvert inapte à mépriser sa personne physique. Et pourtant j'avais si aisément et si sincèrement méprisé sa personne morale, elle m'inspirait une telle aversion qu'il me semblait que mon corps se trompât et que la peau chaude et confortable qui, avec quelques os et quelques pièces ingénieuses, enveloppait mon âme, il me semblait donc que ma peau n'avait pas su faire la différence entre Flora et cette catin. Cela me décevait beaucoup sur moi-même. J'avais toute ma vie ri sottement aux récits de ces individus asservis par leurs sens. Mon corps m'avait toujours obéi et m'obéissait encore avec promptitude et dévouement. Depuis ma naissance, il ne me signalait sa présence, en dehors des plaisirs qu'il m'offrait, que par des petites exigences mineures, les mêmes depuis trente ans ; lesquelles exigences consistaient à m'indiquer par des fièvres qu'il fallait le coucher et le couvrir chaudement, ou par des dérangements nocturnes incessants qu'il ne fallait pas que je boive de vin le lendemain. Quant aux nécessités de son sexe, elles entraînaient donc de temps en temps une course jusqu'à Bordeaux où se tenait la maison où j'allais livrer cette carcasse matérialiste mais prude à une infirmière de lanterne rouge. Maison où j'arrivais après trois heures à cheval, poussiéreux mais content et aussi impatient d'ailleurs de me retrouver à la fin du jour allongé au chaud d'un corps humain que de livrer ce corps à ses appétits superflus. J'avais un bon serviteur en mon propre corps, mais il prenait mal parfois sa solitude ; et je lui offrais à travers une catin, la chaleur, les gestes des femmes, leur parfum, leur douceur, cette vie partagée avec quelqu'un d'autre que moi-même, fût-ce une heure, ce qui le laissait chaque fois comblé et moi mélancolique, moi sans appétit et lui affamé. Et ces filles de hasard le savaient sans doute ou le devinaient, puisque je les voyais devenir maternelles tout à coup, et douces comme toutes les femmes d'ailleurs à qui nous avons fait plaisir, ou plutôt toutes les femmes qui nous le laissent croire. Ce corps vénal auprès du mien, ce corps séduit, convaincu ou pas, ce corps était le seul que je puisse allonger près du mien quand, gavé de solitude et sevré de tendresse, il se mettait à soupirer et à piaffer malgré mes réprimandes morales. Mon corps, cet animal humain qui n'intéressait personne, et qui, moins encore que « personne », n'intéressait Flora.

Je me réveillai comme d'un rêve, et m'aperçus alors avec stupeur qu'il ne s'était passé qu'une demi-heure depuis le début de mon discours, alors qu'il me semblait être dans cette chambre depuis trois heures. Je me sentais un peu grisé maintenant de mes belles formules, assez talentueuses, trouvais-je, pour oublier leur échec total. C'était leur subtilité qui avait échappé à cette ribaude; j'avais visé trop haut. Ainsi redescendis-je vers les salons, en me racontant des histoires et en essayant de diluer la honte de cet affront, l'escalier qui m'avait vu passer si sûr de mes arguments un peu plus tôt. Minuit n'était pas encore sonné. Je me retrouvai entouré de masques et non loin de Flora et de Gildas, assis ensemble et fort entourés. Je l'écoutai, lui, discourir gaiement, bien plus gaiement que Flora, me dis-je, en regardant celle-ci. Une amertume nouvelle plissait ses lèvres. Je rompis le cercle qui se pressait autour d'elle et je l'invitai à danser, ce qui sembla la soulager de je ne sais trop quoi. Elle n'aimait pas être éloignée de Gildas en général. Sa proximité physique, dès lors qu'il était dans la même pièce, lui était instinctivement nécessaire, nécessité aussi évidente que celle qui lui interdisait généralement d'effleurer d'un doigt ou d'un geste le corps de son amant. Je me rappelais à présent cette attitude de grands brûlés qui fait s'éloigner ou reculer d'un pas, si le hasard les rapproche, les amants qui s'aiment, surtout ceux qui s'en sont donné la preuve avant de se retrouver dans le monde. Ces heureux amants-là, s'ils sont coupables, éperdus et comblés, surtout s'ils le sont, montrent alors une pâleur et un recul si exagérés qu'ils vous révèlent a contrario leur intimité interdite qui les a menés à l'acharnement, au plaisir et à l'épuisement tout l'après-midi, un après-midi dont eux-mêmes se demandent, tout à coup sceptiques, ce qu'il s'y est passé de si bouleversant ou de si heureux. Moments où les amants — les hommes surtout — se sentent seuls et célibataires, et tout à fait heureux de l'être, et désireux de le rester, dans la goujaterie de leur corps apaisé ; de leur corps neutre, d'une neutralité et d'une froideur que leur cynisme trouve flatteuses mais auquel, par hasard, une intonation, un geste de la main, un adjectif utilisé par l'autre avec un grand « A », rappellent d'un coup toute la douceur de cet après-midi d'amour, toute la vérité de ces heures brèves, toute la démesure exquise de la passion, et cela avec la célérité de la foudre.

J'arrête là cette longue et inutile homélie. Je m'arrête d'ailleurs bien volontiers et sans trop regretter de priver de la suite les générations à venir. Je reviens de ce pas sur les parquets du pauvre d'Orty où je valse avec Flora.

NOUS dansions à nouveau, mais cette fois sans que je cherche à profiter de mon élan et de son abandon pour la serrer vraiment dans mes bras. Car Flora était triste soudain. Et elle s'abandonnait sur mon bras, le corps renversé, la taille pliée en arrière grâce au mouvement de la valse, mais penchée sans vertige comme elle était abandonnée sans langueur. Comment dire... ? Elle ne se penchait pas : elle se courbait, c'est le terme ; elle se courbait à l'envers des autres humains quand ils sentent arriver le destin ou le malheur et que, rentrant la tête dans leur cou, ils offrent la surface moins vulnérable de leur dos aux coups et aux blessures de l'existence. Flora, elle, rejetant ses épaules et son cou en arrière, semblait décider que le malheur ne la frapperait que de face ; et déjà elle tournait son visage à droite, puis à gauche, suivant le tempo, comme une lente et longue dénégation à son avenir, cet avenir qu'elle ignorait pourtant. Ses deux profils, avec chacun son œil mi-clos, une commissure de la bouche tombante, cette joue pâle, plus pâle que blanche sous ses yeux d'un bleu-gris au lieu d'être faïence, la beauté allait pourtant en devenir inutile, voire haïssable pour elle-même. Nous dansions, nous valsions, nous chuchotions, nous riions ; elle tournait la tête toujours dans le rythme, et chaque fois la masse de ses cheveux, cette masse soyeuse et dorée, semblait s'interposer entre Flora et sa vie, ou plutôt essayer de la dissimuler au destin.

C'est alors que j'éprouvai le sentiment le plus fort de toute mon existence, le plus intense et le plus plein ; le seul en tout cas qui ait réuni, en une seule supplication à un Dieu auquel je ne croyais pas, mon intelligence, mon corps et mon cœur. De même que ma morale, mon orgueil, mon courage et ma vulnérabilité. Je sentis une vague brûlante qui m'envahissait si totalement, si impérieusement et si tendrement à la fois que je devinai en même temps, à travers sa douceur, qu'elle ne me reviendrait plus jamais ; que cette lame de fond, cet accord parfait et cette force inconnue, je ne les reverrais plus. Combien étions-nous, ce soir, parmi ces deux cents, trois cents personnes qui dansaient là, combien étions-nous à avoir eu ce privilège ? Car j'étais privilégié : quoi qu'il m'arrivât par la suite, j'étais un privilégié d'avoir été ainsi jeté dans ce flot de plénitude et de m'y noyer, ce flot dont j'avais osé donner le nom, avant, à des faux-semblants, de pauvres élans, ce nom qui était pour moi et pour chaque être humain, de la naissance jusqu'à la mort, la plus grande des faims et la moins assouvie : la tendresse. J'aimais soudain Flora comme je n'avais jamais aimé personne puisque je ne la voulais plus pour moi. Je ne la voulais plus amoureuse de moi, ni passionnée, ni jalouse de moi, ni même vivant avec moi, je ne la voulais plus comme je l'avais voulue pendant près de deux ans, à chaque instant de ma vie. Brusquement je n'étais plus Lomont qui voulait Flora de Margelasse, j'étais quelqu'un qui voulait que quelqu'un d'autre fût heureux, et rien de plus. Je voulais Flora heureuse, que ce fût avec Gildas ou un autre. Ce visage si offert, si doux, si vulnérable, le visage de cette femme de trente ans avec son passé cruel, son courage et sa gaieté et son bon cœur, avec son amour de la poésie et ses enthousiasmes un peu hâtifs, avec ses yeux si malheureux parfois de me voir l'être à cause d'elle, cette femme si bien élevée et si sincère pourtant, si extrême dans ses sentiments mais si aimable en société, cette enfant faite femme qui écrivait des vers en cachette, des vers trop tristes ou trop languides pour n'en être pas un petit peu fades, quoique musicaux, je voyais cette femme qui avait si innocemment envie et besoin et raison d'être heureuse, si envie d'aimer autant que d'être aimée, si envie de donner autant que de recevoir, cette femme aussi incapable de méchanceté que de médiocrité ou de méfiance, cette femme qui avait tout misé, tous ses biens, tout son avenir, tous ses fantômes, tout son passé, tout son temps, tout son futur, tout son honneur et toute sa vie sur un paysan poète plus jeune qu'elle, sur cet homme enfant qu'elle avait aimé en silence et ensuite refusé d'humilier en prolongeant ce silence, dès qu'elle avait su cet amour réciproque ; cette femme tendre qui allait sans doute, sûrement, souffrir abominablement, je la serrais de loin sur mon cœur, je séchais toutes ses larmes à venir sur mon épaule, j'apaisais ses sanglots et je tenais compagnie à sa douleur par le dévouement le plus pur et le plus définitif. Bref, je lui donnai ma vie, mon sang, toutes mes heures à venir — et alors, elles étaient nombreuses. Je lui fis don de ma personne en même temps que je renonçai à la sienne.

Je ne voyais Flora qu'à travers une sorte de voile phosphorescent, et, quant aux autres danseurs, je les voyais encore, mais dans un flou artistique que je ne comprenais pas, ma vue étant excellente. Je ne m'expliquais pas plus cette sorte d'étau qui me prenait à la gorge, la faiblesse de mes genoux, et je trébuchai, manquai un temps, deux temps, dérangeant même des valseurs dont les contours étaient plus que flous, rendus incolores par un phénomène dont la cause m'échappait. C'est Flora qui me donna la clé de ce trouble, de ces vertiges, lorsque, arrachée à sa rêverie par mes entrechats d'ivrogne et levant les yeux vers moi, elle s'arrêta net de valser, là où nous étions, au centre de la salle, et d'une voix suppliante mais très basse, une voix épouvantée, me dit : « Nicolas, qu'avez-vous ? Vous pleurez... ! » Ce n'est qu'alors que je compris la cause de cette demi-cécité qui m'avait frappé, et la main que je portai à ma joue, machinalement, n'en fit qu'une vérification superflue. Je restai stupéfait. Je restai là, debout, moi, Lomont, âgé de trente ans, grand et fort, immobile, avec ces larmes chaudes qui jaillissaient de mes yeux, qui jaillissaient de je ne savais trop quel moment de ma vie, ignorant encore que c'était sur mon futur que je pleurais déjà, le mien et celui de mes amis, mes beaux, mes gais, mes charmants amis qui, ce soir-là, ne semblaient s'occuper que de danser.

Flora me prit la main comme un enfant et me fit passer entre les valseurs sans trop de dommages, mis à part le coup de pied d'un petit rouquin qui ne s'excusa même pas et que j'aurais bien pris au collet si je n'avais pas eu les yeux pleins de larmes et besoin de me moucher. Il me fallait avoir l'air moins sot avant que de semer la terreur et la contrition dans l'âme d'un rouquin inconnu. Dehors, il y avait un banc où Flora me fit asseoir, me sécha les yeux, me tint la main, me contempla d'un air si triste et si tendre que cela redoubla ce rhume larmoyant — comme je m'obstinais à l'appeler — et me fit serrer cruellement les mâchoires. Hélas, je sentais toujours jaillir impitoyablement de moi ces petites gouttes rondes et chaudes, entassées et piaffantes derrière mes paupières depuis mon plus jeune âge, depuis la dernière fois que j'avais pleuré, il y avait bien vingt ans, ces larmes qui, dans leur hâte à fuir de la prison de mon insensibilité et de nos bonnes humeurs bourgeoises, me faisaient mal au passage et me brûlaient les cils. Je me contraignis à cause de Flora à un de ces sourires égarés et peu convaincants que l'on accorde à un chagrin irraisonnable, fût-il le sien.

« Qu'avez-vous ? me demandait Flora. Qu'avez-vous, Nicolas... ? Je suis votre amie. L'idée que vous soyez malheureux me désespère.

— Ce sont mes nerfs..., hasardai-je. Sûrement. »

Mais je fus interrompu par une Flora tout à coup autoritaire.

« Vos nerfs ? Quels nerfs... ? Voyons, vous n'en avez pas ! Je vous demande de ne pas me mentir. Vous pouvez bien vous taire si vous le préférez, mais ne vous croyez pas obligé à me fournir de si piètres excuses ! Vos nerfs... Vos nerfs..., continua-t-elle en levant vers le ciel des yeux amusés. Nicolas Lomont me parle de ses nerfs, et en pleurant à verse ! Mais ce serait à ne plus croire en Dieu ! Nicolas, écoutez-moi : vous êtes avec Gildas l'être que j'aime le plus au monde. Si vous devez m'en taire la raison, sachez au moins que ces larmes me font du mal. Et que tout ce que j'ai vous appartient, en même temps que ma tendresse. »

Et se levant d'un coup, elle se pencha vers moi et m'embrassa lentement sur les paupières, les joues, le front, le nez, effleurant mes lèvres et murmurant :

« Vous avez un visage tout défait, Maître Lomont. Vous m'avez donné soif et je vais vous chercher à boire. Ne pleurez plus sur vos genoux, vous me faites trop de peine. Pleurez donc à la verticale, directement sur ce gazon... »

Et je la laissai partir en souriant de bonheur, finalement, d'affection, d'amour et de ma chance. La chance que cette femme-là m'aimât un peu et m'ait reconnu comme un enfant qu'elle nommait Nicolas, ce Nicolas que je continuais d'être et qui n'était pas adulte, mais qu'elle savait plus important que le Nicolas notaire.

Elle revint avec un verre de Bouzy que je

bus d'un trait, comme un homme, comme l'homme qu'était redevenu à présent Nicolas et qui, semblait-il, malgré ses yeux rougis, son gros nez encore grossi par les larmes, restait attachant pour cette femme féerique puisqu'elle me posait sur le visage, avec affection et douceur, le loup noir qu'elle m'avait trouvé et qui était le troisième de ma soirée.

J'avais perdu le premier dans des couloirs abandonnés, le second dans un grand salon, mais j'espérais que le troisième serait le dernier dont j'aurais à user. J'espérais que les événements n'en nécessiteraient pas une demi-douzaine. Il n'était guère qu'une heure. J'étais arrivé chez d'Orty à dix heures. J'avais valsé dix valses, j'avais fait deux promenades dans des couloirs déserts, j'avais surpris le cri d'amour d'une femme, j'avais fait un discours moral à la même, une catin, j'avais eu un élan de tendresse et une crise de larmes, tout cela en trois heures et en trois loups, trois masques, trois Lomont. Je songeai prudemment à aller coucher ce troisième personnage et à changer le loup pour un bonnet de coton, un bonnet de nuit que je n'avais pas mais que je désirais confusément à la place de ce bandeau noir, tout autant que j'aurais voulu changer mes sentiments violents contre un sommeil paisible. Je me dirigeai vers la sortie, mais trop tard ! Le hasard intervenait déjà ; le destin était entré dans la danse, ou plutôt dans le bal. Il montrait à mes yeux effrayés le sens devenu pervers et désastreux d'une histoire d'amour jusque-là heureuse. En tout cas pour l'un des deux amants, car Gildas devait bien sentir que tout cela ne saurait finir autrement que d'une manière misérable et épouvantable. Gildas, même quand il riait, devait sentir ses dents s'entre-choquer de terreur à l'idée de son vice, de cette abomination pourtant si voluptueuse qu'à cet instant encore je la lui enviais confusément. Flora marchait vers lui, et laissant mon regard toujours appuyé sur le beau visage brun de Gildas, je le vis tout à coup déformé par une colère indescriptible qui me fit hâter le pas et arriver avant Flora jusqu'à lui et l'objet de sa rage. C'était le rouquin qui m'avait bousculé tout à l'heure, qui s'appelait Choiseux, et était marquis du même nom et duc de Chantasse. C'était l'homme le plus hautain et le plus titré de toute la Saintonge, le plus entiché de sa naissance et de ses privilèges.

« Vous tombez bien, dit-il à Flora en tournant vers elle un visage aigu et exultant d'une joie mauvaise. Vous tombez bien, ma cousine — car vous vous souvenez que nous sommes cousins ?

— Oui, dit Flora d'une voix étonnée et contrainte. Oui, je le sais. Votre grand-oncle et mon grand-père... Mais qu'importe tout cela ? Pourquoi êtes-vous si pâle, Gildas ? » demanda-t-elle à son amant, sans écouter la réponse que lui fit de force son cousin roux, et qui se traduisit par un sifflement de chasseur, un sifflement par lequel on ramenait les chiens à la meute et qui, tombant dans un intervalle entre deux violons, figea tout le bal. C'était un sifflement grossier, trivial, et qu'on ne pratiquait pas avec les femmes, me sembla-t-il, fût-on Louis XIV.

« Je disais à ce paysan qui se prétend chevalier, dit Henri de Choiseux, qu'à sa place je quitterais cette pièce où sont réunis des gens du même monde. Je m'étais laissé dire, ma cousine, que vous frayiez avec un poète mais j'ignorais que ce poète avait gardé les lapins, fauché à la faux chez mes cousins, et nourri les cochons de leur porcherie. Je trouve que cela fait trop pour quelqu'un qui prétend avoir le cœur d'une dame de mon sang et de ma famille.

— Choiseux, vous êtes fou...! dit d'Orty qui était arrivé avec rapidité et semblait décidé à tenir son rôle de maître de maison comme il convenait qu'il le fût. Choiseux, je vous demande de retirer vos paroles ou de quitter mon toit. Gildas est mon invité. »

Il y eut un silence qui permit à l'assistance de se rapprocher prudemment, et ce fut comme si une sorte de serre se refermait sur les deux hommes et leur interdisait toute conciliation.

« Je veux bien qu'il reste dans ce salon, reprit Choiseux dont le visage grêlé et la bouche amère étaient devenus hideux de fureur. Mais alors, qu'il porte les plateaux ou qu'il balaye le parquet. Je ne veux pas le voir danser devant moi avec n'importe laquelle des femmes ici présentes, et dont les pères ont peut-être été découpés par les siens. Vous manquez de mémoire, d'Orty. Il faut être fou pour inviter les manants chez nous après ce qu'ils ont fait à nos ancêtres... »

Gildas, qui était devenu blanc, puis rouge, puis de nouveau blanc, fit un léger pas en avant avec un sourire éteint, et dit d'une voix claire :

« J'ai fauché les blés, il est vrai, Monsieur le Jean-Foutre, et je prendrai plaisir à me battre avec vous à la faux, au sabre, à tout ce que vous voulez. Et dès que vous le voudrez.

— Je ne me bats qu'avec les gens de ma condition... » commença Choiseux, mais il reçut de Gildas un soufflet si violent qu'il en trébucha.

Son frère, qu'on appelait le « petit Choiseux » par dérision, car il était énorme et bedonnant à vingt ans et aussi sot que son frère était vif, se jeta alors sur Gildas. Il y eut durant une seconde trois portefaix qui se démenèrent devant les femmes, puis quatre quand j'envoyai un solide coup de pied au frère de l'insulteur. Une femme poussa un cri aigu, s'évanouit ou fit semblant, et sans me retourner je sus que c'était Artémise, ce qui calma tout le monde ou, plus précisément, rendit tout le monde agité mais lucide.

D'Orty alla de l'un à l'autre, de moi à Norbert de Choiseux, de Gildas à Henri, le marquis, et il fut décidé en cinq minutes, me sembla-t-il, que nous nous battrions le lendemain à l'aube, à l'épée ou au pistolet, l'in sulte étant considérée réciproque, et le choix des armes laissé à nos adversaires. Je ne cache pas que je me sentis penaud en cet instant précis, n'ayant jamais tiré l'épée que contre des rats dans mon grenier et ne jouant pas mieux du pistolet que d'un éventail. Les violons reprirent et chacun se mit à valser en riant trop fort ou en chuchotant. La soirée me parut alors finie, en attendant le matin où ce serait mon existence qui le serait.

EN attendant, d'Orty avait eu raison : son bal était le plus beau de la saison, du siècle, et ce serait bien celui dont on parlerait le plus et le plus longtemps jusque dans la capitale. Il était alors la demie passée d'une heure. J'ajoutai ce duel à la série de mes extravagances et valsai avec Artémise, excitée au plus haut point et qui se pressait contre mon corps, mon pauvre corps menacé, avec une fièvre qui m'eût comblé dix ans plus tôt, et me laissa froid ce soir-là.

Henri de Choiseux partageait son temps entre Paris et Cognac où étaient ses terres, accumulant à Paris des échecs auprès de femmes célèbres, que ses récits transformaient en succès dès son retour en province. Ajoutons à cela qu'il était non seulement bilieux, mais ravagé par une maladie qui ne laisse que de courts répits aux nerfs et à l'équilibre mental de ses victimes. Ayant rempli ce qu'il estimait être son devoir et se jugeant le héros de la soirée tout autant que le héraut de la noblesse, Henri de Choiseux se força à faire le faraud et le drôle pendant l'heure qui suivit. On entendit son rire grinçant et ses éclats de voix des quatre coins du grand salon de d'Orty, pourtant immense, à tel point que quand on ne l'entendit plus, je m'alarmai. Eh oui, je me sentis bizarrement inquiet lorsque je n'entendis plus braire cet animal stupide avec ses particules, cet âne bâté dont j'allais être par procuration la victime imbécile, moi, pauvre notaire de province, moi qui n'avais pas plus de sang bleu que de sang-froid. Puis je vis arriver Choiseux sur la piste avec une inconnue. Il y avait encore vingt personnes peut-être qui n'avaient point ôté leurs masques, et Choiseux dansait avec l'une d'elles. Une femme en robe noir et or que je n'avais pas encore vue dans cette soirée et qui dansait admirablement, me sembla-t-il, à travers les sombres voiles de mes réflexions. Gildas et Flora étaient loin, parlaient ensemble très bas, et très fiévreusement. Flora était blanche jusqu'aux lèvres et regardait Gildas, son visage, ses traits, son corps, ses mains, avec l'avidité d'une vraie maîtresse à qui l'on veut arracher son amant d'un coup d'épée ou de pistolet. Mais moi qui savais Gildas devenu fort bon ferrailleur et fort bon tireur après deux ans de leçons parisiennes, je dois avouer que je ne tremblais que pour ma propre personne. Seul dans ce cas, d'ailleurs, avec Flora et peut-être Artémise devenue tendre dix ans trop tard.

Henri de Choiseux semblait fasciné par sa cavalière. Il n'était pas le seul, car sitôt qu'il eut arrêté cette polka piquée, je vis trois hommes se diriger vers elle, se cogner presque les uns aux autres et ne pas s'excuser. L'un était d'Orty, qui après avoir ôté son masque le premier en bon maître de maison, et promené partout ses joues rouges et son air niais, était à présent pâle et sombre, comme hanté. Le deuxième des cavaliers de l'inconnue, ou postulant à l'être, était Honoré lui-même, notre préfet, qui avait montré toute la soirée un visage contraint et qu'il eût dû laisser masqué tant il était attristant. Et le troisième, qui venait de traverser toute la pièce et était arrivé presque en même temps que d'Orty, n'était autre que Gildas. L'inconnue avait grande allure. Ses cheveux noirs que l'on devinait à peine sous une parure de bijoux somptueuse, cette robe sublime de légèreté mais comme inquiétante dans l'éclat de son jais, la bouche gonflée et amère qui dépassait du loup, le port de tête, les mains, la minceur et la force de cette taille que l'on devinait sous le tulle et le satin, le rire de gorge bas et l'éclat des yeux dans les fentes du loup, tout cela formait un ensemble fascinant pour un homme ordinaire et terrifiant pour moi. Car dès l'instant qu'elle tourna les yeux dans ma direction, je reconnus Marthe elle-même, Marthe vers laquelle je me dirigeai inconsciemment. Marthe à laquelle d'Orty me présenta comme son excellent ami Nicolas Lomont, et qu'il appela tranquillement duchesse de Mougier pour satisfaire à la réciprocité d'une présentation. Je compris que j'étais malgré moi venu la voir de près comme on vient voir un tigre dangereux lorsqu'il est mis en cage.

Ce fut à moi que Marthe, « duchesse de Mougier », servante de Flora, maîtresse de Gildas et catin de toute la valetaille, ce fut à moi qu'elle accorda cette danse, posant ses mains gantées sur mon avant-bras avec une grâce et un élan qui me consternèrent tout autant que ses autres prétendants. Je vis Henri de Choiseux esquisser un pas, prêt à tout, mais se souvenant sans doute d'avoir déjà obtenu ma tête dans le duel du lendemain, il dut penser qu'il ne pouvait faire plus. Ces trois hommes interposés entre Marthe et le plancher du bal s'effacèrent avec ensemble pour nous laisser passer, et il y avait quelque chose de solennel, de guindé, de furieux et de frustré dans leur recul qui attira l'attention. Je dansai avec Marthe, d'abord sans un mot, ahuri, étonné mais sensible, bien malgré moi, à la proximité de ce corps qui semblait fait de fer, de soie et d'une chair plus charnelle que celle des autres femmes.

« Et alors ? dit-elle seulement d'une voix à peine interrogative, et alors... ?

— Il ne manquait que vous », répondis-je, et elle éclata de rire.

Elle éclata du rire le plus gai, le plus enfantin, le plus innocent et contagieux que j'ai entendu de ma vie. D'un rire qui résumait le rire comme son cri de tout à l'heure résumait l'amour, un rire qui me gagna finalement et qui nous projeta, hilares sous nos loups jusqu'au salon voisin où une bergère nous reçut. Encore aujourd'hui, je ne sais pas d'où me vint ce rire, si je riais de la vie, de nous, si c'était un rire de désespoir ou un rire de collégien, ou un rire pervers, ou un rire nerveux ; ou si la conviction que j'avais mise à cette malheureuse phrase : « Il ne manquait que vous » avait été vraiment d'un comique inappréciable.

Deux heures allaient sonner et il nous faudrait enlever tous les masques, obligation peu plaisante pour moi dont toutes les larmes, de chagrin ou d'hilarité, avaient dû boursoufler affreusement le visage par ailleurs meurtri, et pour Marthe qui devrait s'enfuir. J'imaginai un instant l'expression qu'aurait Choiseux s'il apprenait avoir fait sa cour à une femme de chambre, et le rire me reprit. J'expliquai à Marthe la cause de ma gaieté incoercible, ce qui fit ses délices.

Flora qui passait nous vit et sourit, et Gildas, dont elle tenait le bras, tourna vers nous un visage de supplicié, livide, hautain, soupçonneux, trahi, trompé, trompeur, épuisé. Mais ce nouvel accès d'hilarité fut vite interrompu par le souvenir de ce qui m'attendait à l'aube. Marthe me questionna sur ma soudaine longue figure et je me rendis compte qu'à peine arrivée dans la fête et n'y connaissant personne, et pour cause, notre fausse duchesse ne savait rien.

« Pour tout arranger, je vais me faire tuer... », marmonnai-je en finissant de lui raconter l'incident. « Je sais manier un crayon, un cheval et une plume, mais en aucun cas une épée. Quant au pistolet, je crois que j'ai une fois tué une grive en visant un sanglier... »

Je me sentais étrangement à l'aise auprès de cette chambrière aux prétentions infernales. Son audace, celle de paraître à ce bal, de se faire nommer duchesse, celle de maltraiter les puissants de la région me semblait tout à coup l'emporter par la bravoure sur l'outrecuidance. J'éprouvais, dois-je l'avouer, une sorte d'admiration confuse pour cette traînée qui se partageait entre deux laquais, un préfet, des hobereaux et un paysan poète. Elle dut le voir dans mon regard car, derrière le loup, ses yeux gris semblèrent devenir plus liquides tandis qu'elle répondait à une phrase que je ne lui avais pas dite.

« Moi aussi, je vous aime bien, Lomont. J'ai toujours aimé les hommes grands, forts et bêtes, sentimentaux et maladroits, notaires des riches, généralement amis des pauvres. Vous semblez un peu moins méchant que les autres, ou un peu moins fat. C'est peut-être la roture qui vous sied.

— Elle me sied, mais elle me fera tuer demain tout comme un noble prince, dis-je avec humeur.

— Lequel est contre vous ? Le gros Norbert ? Il doit fort bien viser. Il est impuissant. Ces gens-là sont très cruels. Quand ils ne peuvent pas pratiquer ce commerce-là, ils veulent exceller dans un autre. Ce sera sûrement celui des armes qu'aura choisi ce porc.

— Impuissant ? » dis-je malgré moi, et aussitôt honteux de ma curiosité.

Je me levai, me rendant compte tout à coup que lui parler, m'entretenir et rire avec elle, c'était participer à son mensonge, à sa comédie, à ce qui allait être un drame pour Flora. Elle me sourit en me voyant prêt à la fuir et me dit : « Norbert mourra avant vous », comme elle m'eût promis un petit pain au chocolat après la messe du dimanche.

Je rentrai dans la salle de bal et y vis que cet incident, loin d'assombrir les invités, les avait en somme ragaillardis. D'Orty était décidément un maître de maison admirable : il y avait chez lui des vins capiteux, une chère exquise, de la bonne musique, de belles inconnues et, pour finir, un sujet de conversation qui valait mille feux d'artifice. Car ce duel prêtait à discussion, semblait-il. Certains hommes approuvaient Choiseux, d'autres approuvaient Gildas ; et à ces derniers se joignait l'unanimité des femmes. Quant à moi, je vis avec plaisir que l'on me regrettait déjà. Toute ma clientèle me pressait les mains en silence, les yeux mouillés, murmurait quelques mots confus sur mes talents de tabellion, et mis à part certains cyniques ou certains avares qui eurent le front de me demander si j'avais bien exécuté leurs ordres en Bourse, je fus ravi de voir que si l'on se passait de moi, ce ne serait pas sans désagrément. Il n'y eut guère que le marquis de Doillac à s'inquiéter ouvertement d'un pré qu'il voulait que j'achète pour lui ces derniers temps. Je lui répondis avec humeur que rien n'était fait mais que je comptais procéder à cet achat dès le surlendemain. Cela lui fit hocher la tête d'un air pessimiste qui me fit ajouter que s'il comptait me voir partir à cheval sur l'heure acheter son pré, il se trompait fort ; je n'allais pas, pour quelques arpents d'herbe, passer une nuit blanche avant un duel. A vrai dire, c'est ce jour-là que je perdis sa clientèle.

D'Orty, lui, en revanche, se montra convenable. Il paraissait consterné de ce qu'il savait de mes talents de manieur d'épée ou de pistolet. Il s'en alla voir Choiseux cadet et revint accablé. Ce jeune homme, tireur exemplaire, avait demandé le pistolet, et était manifestement assez stupide pour prendre la vie d'un homme incapable de lui ôter la sienne. Gildas était allé un peu plus tôt proposer de se battre contre les deux frères, l'un après l'autre, si l'occasion lui en était donnée, pour essuyer le même refus des deux. Ces gens-là voulaient voir répandu mon sang innocent, un sang qui, n'étant pas bleu, pouvait être versé sans dommage. Si d'Orty était fort désolé, je l'étais aussi. Mais plus désolé qu'effrayé devant cette perspective. A vrai dire, l'idée que je puisse mourir, sottement tué par un homme que je connaissais à peine la veille, et à cause d'une femme adorable mais que je n'avais même pas touchée, me semblait si absurde que je n'en éprouvais qu'un vague dégoût, une sorte de lassitude exaspérée qui me fit considérer comme héroïque par l'assemblée. J'entendis louer mon imprudence et ma folie, avec encore plus de conviction que je n'avais pendant dix ans entendu louer ma prudence et ma raison de tabellion. Artémise alla même jusqu'à se pâmer dans mes bras et à verser des larmes ostensibles sur mon plastron et sur nos brèves amours, qu'au demeurant elle n'avait pas voulu vivre.

Quelques autres femmes qui m'avaient été plus accueillantes en Charentes et que ma discrétion, après nos étreintes, avait séduites autant que mes débordements, me prirent à part, m'assurèrent de leur tendresse, de leur bonne mémoire et de la place privilégiée que j'y occuperais le surlendemain. C'est un fantôme qui quitta la pièce et qui déambula une fois de plus dans des escaliers et des couloirs devenus eux-mêmes fantomatiques. Gildas et Flora m'attendaient, je le savais, mais, brusquement, je n'avais plus cœur à les voir. J'allai jusqu'à mon lit où je m'étendis, décidé à dormir comme je l'avais rarement été, et je sombrai aussitôt dans les bras de l'inconscience la plus facile de mes maîtresses. La dernière image à passer sous mes paupières fut celle de Marthe valsant et continuant de semer la zizanie entre ses admirateurs.

JE me réveillai vêtu d'une chemise blanche entr'ouverte, devant un pistolet noir braqué sur mon cœur, à l'autre bout du champ, par Norbert de Choiseux. J'ai toujours eu des réveils lents et difficiles et j'ai toujours promené un corps d'animal invertébré pendant une heure, entre mon cabinet de toilette et ma chambre, avant de descendre à l'étude et de m'y retrouver être humain et pensant. Il m'arriva la même chose ce matin-là, et malgré le côté dramatique de cette aube blanchâtre et fraîche, j'y grelottais avec mauvaise humeur sans savoir pourquoi j'étais là. Je me sentais seul, je n'avais plus d'amis. La conscience me revint d'un coup, je l'ai dit, et à la dernière minute. Alors j'ouvris les yeux, je vis ce champ, ce ciel bleu pâle, ces herbes agitées par le vent, ce pays vallonné, cette terre, ma terre, ce ciel, mon ciel, et cette main, ma main, qui tenait un objet lourd et froid, inconnu, un pistolet chargé qui me faisait horreur par son poids même et son contact. Nous étions les premiers à nous battre et je voyais Gildas, un peu plus loin, les yeux fixés à terre, en chemise blanche lui aussi. Et il me semblait apercevoir, comme je l'avais fait un peu plus tôt, le visage hagard et gonflé de larmes de Flora dans l'embrasure d'une porte. « Mais ce chien va me tuer ! » pensai-je tout à coup. Et je sentis tous mes muscles se raidir, plus de fureur que de peur.

« Messieurs, êtes-vous prêts ? » dit la voix d'un inconnu qui plastronnait, lui, en haut-de-forme, bien couvert et bien au chaud à quelques pas de nous. Non sans imprudence d'ailleurs car, je l'ai dit, en visant Choiseux je pouvais fort bien trouer la tête de n'importe quel témoin. Je jetai un coup d'œil vers cet homme pressé de me voir mort, puis de l'autre côté, et je vis alors, derrière la haie qui terminait le pré, une chose rouge, un tissu rouge qui en écartait les buis sur la droite de Norbert. Je pensai à un jeune garçon de ferme, appâté à l'idée de voir se tuer entre eux ses grandes brutes de maîtres, mais le jeune garçon leva quelque chose de la main droite, sur lequel les premiers rayons de l'astre du jour se précipitèrent aussitôt ; comme si le soleil eût attendu pour sortir des nuages et de l'aube que ce pistolet-là, et nul autre, fût dirigé vers sa proie.

« A trois, vous tirez, Messieurs. Je compte... »

Et Norbert de Choiseux, campé sur ses deux jambes, son grand corps épais devenu brusquement gracieux par la tension qu'il lui communiquait et par son désir violent de me tuer, commença de me regarder fixement, le bras tendu devant lui. Et presque pour ne pas paraître ridicule à rester là, le bras ballant, je levai le mien à mon tour dans sa direction approximative. « Deux », dit la voix. Et me rendant compte que je n'avais pas le doigt sur la détente mais sur le pontet du pistolet, je rentrai mon doigt précipitamment à l'intérieur et sentis la détente si proche de mon index que j'en reculai malgré moi d'horreur. Je le compris à l'instant, je ne pourrais jamais, et même s'il le fallait, tuer un homme délibérément. C'est alors que j'entendis quelque chose d'étrange, comme un miaulement, ou un sifflement sur ma gauche, c'est-à-dire de l'autre côté des témoins, venu du fichu rouge, audible seulement de Norbert et de moi, et qui disait : « Norbert... Norbert... » sur un certain ton qui me sembla comme un écho déjà entendu, mais qui me troubla moins que Choiseux qui, relâchant tous les muscles de son corps, me sembla-t-il, et m'oubliant, tourna la tête avec la rapidité d'un oiseau vers l'endroit d'où venait cette voix. Et je vis un sourire d'extase, de surprise, de bonheur, sur cette face de brute avant que la voix ne dise : « Trois ! » et que je tirasse en fermant les yeux, pour faire quelque chose, même d'inutile, avant d'être mort. Quand je rouvris les yeux, le sang battant aux tempes, le cœur soulevé d'une nausée bizarre et incoercible, je vis Norbert de Choiseux étendu par terre, et, en me rapprochant de quelques pas, je vis qu'il avait une balle entre les deux yeux, comme il se doit dans un duel entre gens de bonne compagnie. Il n'y avait plus de tache rouge derrière la haie, mais une autre s'étalait dans l'herbe, déjà.

On me regardait avec stupeur, voire même admiration, ce qui redoubla ma nausée et m'obligea d'aller rendre contre un arbre le petit déjeuner que j'avais pris une heure plus tôt en somnolant. Marthe avait tenu sa promesse.

Les Choiseux étaient d'une vieille noblesse, sauvage en ses mœurs, mais étroitement unie. Et Henri, l'aîné, qui avait poussé son cadet, gaiement, à un crime, fut terrassé de l'avoir mené à sa fin. Il se jeta sur le corps de son frère et l'appela en pleurant, d'une façon si déchirante que j'en eus les larmes aux yeux, et que j'eusse même tenté de le consoler si quelqu'un ne m'en avait d'un air sévère indiqué l'inconvenance. Gildas était pâle. Il me jetait des regards surpris, inquiets et désorientés. Le malheureux garçon s'apprêtait sans doute plus à me venger qu'à entendre les pleurs de mes victimes. Enfin Choiseux se calma, prit son pistolet et sans même regarder Gildas, lui logea une balle dans le bras tout en en recevant une dans la cuisse qui le fit pivoter et rejeter à terre, où je le vis, spectacle pénible, ramper vers le corps de son frère qu'il n'avait point voulu qu'on enlevât, tout en continuant à l'appeler, comme si son duel avec Gildas eût été une parenthèse inutile à son chagrin. Je tremblais, nous tremblions tous. Ce pré vert pâle, ces deux hommes en chemise blanche, enlacés et couverts du sang l'un de l'autre, ces deux frères dont l'un seul pouvait se plaindre d'avoir perdu l'autre et qui disait son nom en sanglotant, sans se soucier de sa jambe fracassée dont le gros os pointait, tout ce sang, tout ce blanc, toute cette vie misérable d'un être humain arrêtée net par du plomb et des idées imbéciles de naissance, d'honneur et de fausse fierté, tout cela était lamentable. Et même les témoins le sentirent puisque celui qui avait commandé le feu jeta son chapeau par terre et déclara que c'était la dernière fois de sa vie qu'il présidait « ce genre de comédie », comme il le dit avec horreur avant de s'en aller, saugrenu et ridicule dans sa redingote, sous un ciel tout à coup doré.

Car il était huit heures. Cette barbarie grotesque nous avait pris une heure et quart exactement. C'est bien la première fois de ma vie que je me sentis fier de n'être point gentilhomme, et, par conséquent, de n'avoir pas à suivre leurs lois imbéciles et sanglantes. Je me retrouvai un peu plus tard dans l'appartement de Gildas et de Flora qui s'affairait auprès de son blessé, les yeux rougis par l'insomnie, partagée entre le soulagement et l'horreur de la nuit passée, l'inquiétude pour son Gildas et la joie de ce que ce fût le bras qu'il eût de traversé, et non point la tête. Elle m'embrassa avec transport, sans marquer la même surprise que les autres habitants du château qui, tous, me regardaient comme un revenant, après m'avoir, la veille, regardé comme un fantôme. Et m'ayant tiré à l'écart, Flora me dit en riant nerveusement :

« Mon Dieu ! Quel soulagement de vous avoir vivants tous les deux... Cette nuit fut horrible ! Où étiez-vous passé quand nous sommes redescendus au bal ? Car cet enfant..., dit-elle en montrant Gildas étendu sur son lit de douleur, cet enfant a voulu repartir danser, imaginez-vous, avant le duel... » Elle riait comme une mère des sottises de son rejeton. « Je vous l'assure. N'est-ce pas, Gildas ? ajouta-t-elle vers son amant qui cligna des yeux sans tourner la tête. Il a même dansé avec cette belle inconnue, cette duchesse de Mougier, dont je n'avais jamais entendu parler auparavant.

— C'est sans doute une des catins de d'Orty qu'il avait habillée pour le bal, dit Doillac, entré par hasard, ou qui venait encore me parler de son pré. Ce serait bien dans les habitudes de notre hôte !

— Sûrement pas, fit Flora avec cette générosité instinctive chez elle et qu'elle prodiguait jusque dans la jalousie. Sûrement pas. Cette femme-là n'avait rien de vulgaire, même si elle était un peu imprudente avec les hommes. Je serais quand même curieuse de la revoir.

— Elle est partie avant l'aube, Madame », dit une voix plate et étouffée.

Et je reconnus alors, aidant le médecin à panser Gildas, Marthe, vêtue de son sarrau noir habituel, son chignon tiré et l'air sévère. Je la regardai avec stupeur, gratitude, frayeur, je ne sais quoi, mais elle ne releva pas les yeux.

« Votre inconnue est partie quand d'autres revenaient, dit Flora en riant et en regardant Marthe avec affection. Le bal au village devait être bien gai pour que quelques-unes ne rentrent pas plus tôt, dit-elle d'un ton sans reproche. D'ailleurs, dit-elle à Marthe, vous ne m'auriez servi à rien. J'ai passé la nuit entière et la matinée dans cette robe, que je haïrai maintenant toute ma vie », dit-elle en désignant la robe de tulle bleu qui lui avait tant plu la veille.

Et comme Marthe ne répondait toujours

pas, Flora ajouta à mon adresse en me la désignant d'un regard affectueux :

« Il faut dire que le rouge lui va à ravir. Je lui avais prêté hier mon grand fichu des Indes, qui a dû consacrer son succès auprès des galants du village. »

Et elle se tut car d'Orty entrait, l'air grave, sans paraître le moins du monde soulagé de voir son notaire et son ami Gildas encore en vie.

« Il va y avoir enquête, dit-il. Il y a eu mort d'homme. Il va falloir adopter une version et s'y tenir. Vous n'ignorez pas, j'imagine, que le duel est interdit aux gentilshommes comme aux autres. Et Choiseux a un oncle à la Chambre des pairs.

— Mais enfin, protestai-je, Honoré est là pour donner sa version. Honoré est préfet, que diable ! Sa bonne foi ne saurait être mise en doute. Et Choiseux n'est quand même pas homme à se plaindre d'un duel qu'il a voulu, et même exigé.

— Choiseux ne se plaint de rien, dit d'Orty, sinon de la mort de son frère. A ce propos, Lomont, il me charge de vous dire qu'il vous a vu fermer les yeux avant de tirer, et qu'il ne vous en veut pas. On a retrouvé la balle de son frère dans le tronc d'un arbre. Il a dû tirer en tombant. Et vous n'avez pas tiré avant le commandement. Non, Choiseux ne dira rien, ou il dira ce qu'on voudra. Mais Honoré lui non plus ne dira rien. Notre préfet s'est pendu ce matin dans la grange. On vient de le trouver. »

Il y eut un instant de silence si profond et si interminable que je fus soulagé lorsque Flora poussa un léger cri et, chancelante, roula à terre, évanouie. Tandis que Gildas se redressait et que d'Orty expliquait à la foule qui peu à peu envahissait l'appartement les circonstances de la découverte, tandis que chacun se répétait avoir vu, pourtant, Honoré fort tard la veille au soir, et que l'un disait même l'avoir vu valser la dernière valse avec cette inconnue si séduisante. Je fis deux pas hors de la chambre, après avoir fait signe à Marthe de me rejoindre. Elle arriva près de moi et me regarda de derrière son visage de chambrière modèle et de derrière sa soumission exemplaire, mais ses yeux gris riaient comme ceux d'un démon dans l'ombre du couloir.

« Alors, dit-elle à voix basse, content d'être vivant, Maître Lomont ?

— Oui, dis-je malgré moi. Je te remercie. Mais dis-moi, une question, une seule : Norbert de Choiseux, je l'ai vu mort, il souriait, il était heureux, il est mort heureux. Ne m'avais-tu pas dit qu'il était impuissant ? »

Cela me faisait honte de poser cette question en un moment pareil, honte de ne pas penser à Artémise et à Honoré, aux morts et aux vivants, mais cette question me vrillait la tête depuis l'aube.

« Alors, dis-je, il était impuissant ou pas ? »

Marthe me regardait avec attention et une sorte d'obligeance éclaira son visage quand elle me répondit en souriant :

« Oui, il l'était depuis l'enfance.

— Et alors... ? Eh bien alors, pourquoi t'a-t-il regardée ?

— Pourquoi ? Parce qu'avec moi, il ne l'était pas », dit-elle sans plus de fierté que de regret.

POUR mille raisons que je passerai, car brusquement je me sens accablé de vieillesse et de chagrin, et de remords aussi à m'être complu dans cette histoire lugubre, pour mille raisons, donc, le mariage de Flora et de Gildas fut décidé rapidement. On enterra Honoré. On consola Artémise et trop facilement, trop vite. Puis il y eut le mariage dans le temple de Boutteville, Flora étant protestante de par son précédent mariage, et Gildas athée, catholique ou rien, comme le sont les paysans. J'étais leur témoin. On arriva à la phrase qui accompagne ces cérémonies-là dans le pays, phrase que prononça le pasteur d'une voix forte et qui perce encore mon oreille :

« Quelqu'un a-t-il quelque chose à objecter à l'union de cet homme et de cette femme ? Quelqu'un... »

Je ne me rappelle plus la formule mais je me rappelle avoir vu Marthe sortir du dernier rang de l'assistance, et l'avoir entendue dire : « Moi », d'une voix qui me glaça le sang, rendit Gildas livide et l'assemblée stupéfaite. Je me rappelle l'avoir vue marcher dans un silence épouvantable jusqu'aux pieds du pasteur, jusqu'en face de Flora et Gildas sur lequel, posant sa main hâlée mais à peine abîmée par les travaux domestiques, elle s'appuya un instant avant de dire d'une voix claire et audible à trois lieues :

« J'ai même épousé cet homme, il y a un mois, à Bordeaux. Mais je le laisse à ma maîtresse, en bonne servante que je suis. D'ailleurs, je lui préfère mille fois le cocher de Monsieur de Doillac qui m'attend dehors. »

Dans un silence encore plus total, car Gildas venait de se mettre le bras devant le visage, et Flora avait la bouche entr'ouverte par une stupeur mêlée de désespoir, Marthe ajouta :

« Je vous laisse aussi mes gages, Madame la comtesse », avant de repartir d'un pas royal et qui fit d'autant plus d'effet que ce pas, cette démarche et ce visage rendaient tout à coup plausible cette extravagante déclaration.

La suite, on la sait ou on l'ignore, qu'importe... Qu'importe même si je suis le seul à me la rappeler. Je fais vite, je vais trop vite, mais je ne peux plus supporter de me rappeler certains souvenirs, certaines heures que j'ai passées alors, dans cet automne terrifiant, orageux et désespéré, où le vent, la terre ne faisaient plus qu'un avec la folie des hommes. Je résumerai donc cette histoire au plus vite.

Le lendemain, Gildas se tua et Flora devint folle un peu plus tard. Etant donné son origine et sa fortune, elle ne fut pas mise à l'asile mais chez les sœurs de Bordeaux où elle mourut deux ans après. La première fois que je pus la voir, si elle ne me reconnut pas, moi-même je la reconnus à peine.

Le destin devait me remettre en face de Marthe. Après deux ans passés chez les religieuses, Flora de Margelasse était donc morte folle, folle furieuse, laissant tout à Gildas qu'elle croyait vivant. Lequel Gildas, lui, s'étant tué, laissait tout à Marthe, sa femme, de même qu'Honoré d'Aubec et le chevalier d'Orty qui céda à une pleurésie à peu près au même moment. Je fus de ce fait obligé de partir à la recherche de cette héritière devenue richissime. Je suivis sa trace et trouvai partout, dans la haute société de notre pays, les débris fumants qu'y laissait son passage. C'était une curieuse héritière, car, partout où elle héritait de tout, partout elle laissait tout aux pauvres. Elle brisait tout et elle ne prenait rien.

Je ne la rejoignis qu'à Paris, après quatre

ans de recherche, Paris dans lequel elle était entrée la veille du « complot des Saisons » et de ses fusillades, Paris où je la retrouvai sur une barricade du faubourg Saint-Antoine, morte d'une balle au cœur, et souriante, avec un grand air de douceur que je ne lui connaissais pas. Morte pour cette Révolution que nous craignions tous. Et qu'elle était peut-être...

Achevé d'imprimer en janvier 1991
sur les presses de l'Imprimerie Bussière
à Saint-Amand (Cher)

PRESSES POCKET - 8, rue Garancière - 75285 Paris
Tél. : 46-34-12-80

— N° d'imp. 292. —
Dépôt légal : mai 1984.
Imprimé en France

FRANÇOISE SAGAN

LES VIOLONS PARFOIS

Dans un salon cossu de Poitiers sont réunis Antoine, Charlotte et Augusta. Le climat est tendu. Une histoire d'héritage les divise. Le frère d'Augusta a légué son immense fortune non pas à Charlotte, sa compagne, mais à un neveu lointain, Léopold, considéré comme un simple.

Dès son arrivée, Charlotte en fait une proie facile. Dépossédé et transformé en esclave, ce bon jeune homme romantique va-t-il éviter que la comédie bouffonne qui s'esquisse ne vire soudain vers un dénouement malicieux et inattendu ? « Les violons, parfois, causent des ravages. »

FRANÇOISE SAGAN

DANS UN MOIS, DANS UN AN

Bernard est amoureux de Josée, il ne pense qu'à elle. Il oublie son roman qui démarre mal, sa femme fidèle et terne. Josée est devenue pour lui une véritable obsession. Retour d'un voyage à l'étranger, il s'arrête à Poitiers. Josée l'y rejoint. Devant sa joie, elle n'ose lui avouer tout de suite la vraie raison de sa venue : Nicole, sa femme, est malade. Il faut rentrer à Paris.

C'est le retour, les retrouvailles d'un monde oublié un instant qui a continué à tourner sans eux. Dans un mois, dans un an, que restera-t-il de tous ces gens ? De son éditeur, de Fanny, d'Alain qui s'est mis à boire, de Béatrice qui aime Edouard et que ce dernier oublie ? De l'ambition de Béatrice ?

Josée aimera-t-elle un jour Bernard pour un temps peut-être ?

François Sagan décrit avec son talent habituel ces êtres qui ont si peur de la solitude et tant de mal à être heureux ensemble.

FRANÇOISE SAGAN

Presses Pocket

LES MERVEILLEUX NUAGES

Vivre libre, voir et aimer qui vous plaît, satisfaire ses manies, disposer à sa guise de son temps, aller où bon vous semble, telle était la vie de Josée, l'héroïne de *Dans un mois, dans un an.* Il aura suffi de son mariage à New York avec un jeune et bel Américain d'apparence bien tranquille, Alain Ash, pour que tout bascule. D'une jalousie folle, presque maladive, Alan transforme la vie du couple en un enfer de suspicion, de contraintes, de mensonges.

Excédée, Josée, malgré la difficulté de rompre les liens que tisse l'habitude, repart pour la France. Alan la rejoint et, déployant tous ses charmes, la séduit à nouveau. Mais son caractère reprend vite le dessus, les mêmes obsessions réapparaissent. Seul le cadre a changé : à New York a succédé un Paris mondain et intellectuel. Alan poursuivra ses « merveilleux nuages » en oubliant tout simplement le bonheur de vivre avec celle qu'on aime.

FRANÇOISE SAGAN

LE GARDE DU CŒUR

« La route du bord de mer, à Santa Monica, près d'Hollywood, s'allongeait, droite, implacable, sous la ronronnante Jaguar de Paul. Il faisait chaud, tiède, l'air sentait l'essence et la nuit. Paul roulait à 150.

Dans les phares, surgi comme un fou ou plutôt comme un de ces mannequins de paille disloqués que j'avais vus en France, dans les champs, un homme se jetait vers nous. Je dois dire que mon blondinet eut un fameux réflexe. Il freina à mort et jeta sa voiture dans le fossé de droite. »

Dorothy Seymour, la narratrice, Paul, qui, ce soir-là, est sur le point de devenir son amant, et le responsable de l'accident, le jeune Lewis, s'en tirent sans trop de mal. Et tout pourrait finir là si Dorothy ne commençait à éprouver pour Lewis une sorte de pitié. Elle l'installe chez elle, malgré les avertissements de Paul, qui voit d'un mauvais œil la part croissante prise par cet amateur de LSD dans la vie de Dorothy. Il est vrai que, parfois, Lewis a une expression assez inquiétante. Mais sa jeunesse, son charme, sa discrétion plaisent à Dorothy. Jusqu'au jour où Lewis se jette sur un inconnu pour l'étrangler. Paul intervient heureusement et Dorothy va peu à peu découvrir qu'elle a, en Lewis, un « garde du cœur ». Une situation bien difficile à vivre...

FRANÇOISE SAGAN

LA CHAMADE

Presses Pocket

Lucile avait toujours du charme, son air heureux et un jeune Anglais, nommé Soames, lui souriait beaucoup. Antoine se trouva près d'elle à table, soit le hasard, soit une malice ultime de Claire, et ils parlèrent posément de littérature.

« D'où vient l'expression " la chamade ", demanda le jeune Anglais à l'autre bout de la table.

— D'après le Littré, c'était un roulement joué par les tambours pour annoncer la défaite, dit un érudit.

— C'est follement poétique, s'écria Claire Santré en joignant les mains. Je sais que vous possédez plus de mots que nous, mon cher Soames, mais vous m'avouerez que, pour la poésie, la France reste la reine. »

FRANÇOISE SAGAN

BONJOUR TRISTESSE

Sur ce sentiment inconnu dont l'ennui, la douceur m'obsèdent, j'hésite à apposer le nom, le beau nom grave de tristesse. C'est un sentiment si complet, si égoïste, que j'en ai presque honte alors que la tristesse m'a toujours paru honorable. Je ne la connaissais pas, elle, mais l'ennui, le regret, plus rarement le remords. Aujourd'hui, quelque chose se replie sur moi comme une soie, énervante et douce, et me sépare des autres.

Cet été-là, j'avais dix-sept ans et j'étais parfaitement heureuse. Les « autres » étaient mon père et Elsa, sa maîtresse. Il me faut tout de suite expliquer cette situation qui peut paraître fausse. Mon père avait quarante ans, il était veuf depuis quinze ; c'était un homme jeune, plein de vitalité, de possibilités, et, à ma sortie de pension, deux ans plus tôt, je n'avais pas pu ne pas comprendre qu'il vécût avec une femme. J'avais moins vite admis qu'il en changeât tous les six mois ! Mais bientôt sa séduction, cette vie nouvelle et facile, mes dispositions m'y amenèrent.